Wilhelm Mushacke

Altprovenzalische Marienklage des XIII. Jahrhunderts

Wilhelm Mushacke

Altprovenzalische Marienklage des XIII. Jahrhunderts

ISBN/EAN: 9783743488120

Hergestellt in Europa, USA, Kanada, Australien, Japan

Cover: Foto ©ninafisch / pixelio.de

Manufactured and distributed by brebook publishing software
(www.brebook.com)

Wilhelm Mushacke

Altprovenzalische Marienklage des XIII. Jahrhunderts

NOVA ACTA

der Ksl. Leop.-Carol. Deutschen Akademie der Naturforscher

Band LVIII. Nr. 1.

Beitrag zur Kenntniss

der

Comatulidenfauna des Indischen Archipels.

Von

Dr. Clemens Hartlaub

in Göttingen.

Mit 5 Tafeln Nr. I—V.

Eingegangen bei der Akademie am 22. März 1890.

HALLE.

1891.

Druck von E. Blochmann & Sohn in Dresden.

Für die Akademie in Commission bei Wilh. Engelmann in Leipzig.

Dem Andenken

des Herrn Prof. Dr. **J. Brock**

gewidmet.

Die vorliegende Abhandlung enthält die Bearbeitung einer Anzahl Comatuliden, die von Herrn Professor Dr. J. Brock während der Jahre 1884/85 im Indischen Archipel, und zwar vorwiegend auf Amboina gesammelt wurden. Zugleich sind in den Kreis der Untersuchung gezogen worden das Crinoidenmaterial der Museen von Berlin, Bremen, Göttingen, Frankfurt a. M., Hamburg, Leyden, Lübeck und Stuttgart. Ein Theil der hier zum ersten Male beschriebenen Arten war unter Lütken'schen M. S. Namen bereits früher bekannt. Es handelte sich fast ausschliesslich um littorale Species von *Actinometra* und *Antedon*, den Gattungen, die unter den heutigen Crinoiden durch weite Verbreitung und Artenreichthum den ersten Rang einnehmen.

Professor Brock's Sammelgebiet waren ausser Amboina die beiden bei Batavia gelegenen kleinen Koralleninseln Edam und Noordwachter Eiland. Aber die Comatulidenfauna dieser Inseln bestätigte nur „die Ueberlegenheit der unvergleichlich reicheren Thierwelt Amboinas über Java", auf welche Brock in der Einleitung seiner „Ophiuriden-Fauna des Indischen Archipels"[1] bereits hinwies.

Die Brock'sche Sammlung, jetzt ein Besitz des Göttinger Museums, besteht im Ganzen aus einundzwanzig Arten, von denen acht auf *Actinometra*, dreizehn auf *Antedon* kommen. Wenn aber letztere Gattung, wie zu erwarten war, durch Artenzahl prävalirt, so treten andererseits gewisse Species von *Actinometra* durch die Menge ihrer Individuen in den Vordergrund: es sind dies besonders *Actinometra parvicirra* J. Müll. und *Actinometra regalis* Carp.

[1] Zeitschr. f. wissensch. Zool. XLVII. 3. p. 465. 1888.

Die gewöhnlichsten *Antedon*-Arten Amboinas scheinen *Antedon oxyacantha* n. sp. und *Antedon Ludovici* Carp. zu sein. Es überwiegen die vielarmigen Formen über die zehnarmigen. Von letzteren wurden nur *Antedon
perspinosa* Carp. und *Antedon nana* n. sp. (*macropygus* Ltk. M. S.) gesammelt.
Die zehnarmigen Arten treten überhaupt in dem von mir untersuchten Materiale
sehr zurück: es hat dies seinen Grund zunächst darin, dass ein grosser Theil
von ihnen (*Basicurra*-Gruppe Carp.) von dem Challenger erst entdeckte Tiefseeformen sind, die unseren deutschen Museen einstweilen gänzlich fehlen, und
dass andererseits eine Hauptgruppe derselben vorwiegend atlantischen Ur-
sprungs ist und sich in unseren Sammlungen mithin, die namentlich vom
Museum Godeffroy versorgt wurden, nur schwach vertreten findet. — Eine
besondere Bereicherung dagegen erfuhren die *Palmata*- und *Savignyi*-Gruppe
Carpenter's, also diejenigen *Antedon*-Arten, deren eigentlichstes Verbreitungs-
centrum der Indische Archipel und Polynesien sind. Zur Kenntniss dieser
dürfte die vorliegende Abhandlung einen wesentlichen Beitrag liefern.

Ueber die systematische Litteratur der Gattung *Actinometra* und *Antedon*
kann ich mich kurz fassen. Seit Joh. Müller, welcher 1849 die erste grössere
Anzahl von Arten beschrieb, hat sich deutscherseits Niemand eingehender mit
Comatuliden beschäftigt. In Beziehung zu unserer Göttinger Sammlung steht
W. Böhlsche's Beschreibung von *Antedon Dübenii*. Lütken gab den neuen
Arten des Museums Godeffroy Namen, ohne sie jedoch später zu beschreiben,
und P. H. Carpenter bearbeitete 1882 die Comatuliden des Hamburger
Museums, nachdem er bereits früher die der Leydener Sammlung beschrieben
hatte. Bedeutenden Aufschwung nahm die Litteratur erst durch die grossen
Expeditionen der Neuzeit, unter denen die des Challenger den ersten Rang
beansprucht. L. F. de Pourtalès behandelt 1878 einige vom Dampfer „Blake"
gesammelte Formen, F. J. Bell berichtete über die auf der Reise des Alert
1881—1882 gefundenen neuen Arten und P. A. Carpenter fasste 1888 unsere
Gesammtkenntniss monographisch zusammen in seinem grossen „Report" über
die ungestielten Crinoiden der Challenger-Expedition. Um von der Bedeutung
des letzteren Werkes einen Begriff zu geben, erwähne ich nur, dass die Zahl
der bekannten Arten, die vor der Reise etwa 40 betrug, darin bis auf 168

vermehrt wurde, von denen allein 79 durch den Challenger entdeckt sind. — Von demselben Autor erschienen 1889 die Comatulae des Mergui-Archipels.

Ich habe mich in der Behandlung meines Gegenstandes an die erwähnte grundlegende Arbeit Carpenter's angelehnt und die Beschreibungen des Autors zum Muster für die meinigen genommen. Zugleich habe ich durch kurze Einleitungen zu den beiden Gattungen das vortreffliche System wiedergegeben, nach welchem Carpenter die zahlreichen Arten derselben geordnet hat. Nur die zuerst von Bell in Vorschlag gebrachten Formeln habe ich bei Seite gelassen, da ich mich von ihrer Nothwendigkeit nicht überzeugen konnte und mir ausserdem die Charaktere der Comatuliden zu variabel erschienen, um in einfachen, leicht verständlichen Formeln ausgedrückt zu werden.

In Betreff der Nomenclatur der einzelnen Theile des Crinoïdenkörpers habe ich mich der Hauptsache nach Carpenter angeschlossen. Nur in folgendem Punkte hielt ich eine Aenderung für am Platze. Carpenter bezeichnet aus praktischen Gründen die auf das zum Kelch gehörige erste Radiale folgenden ersten beiden Armglieder als zweites und drittes Radiale und lässt von letzterem erst die eigentlichen Arme entspringen, und zwar in der Weise, dass die Distichalia als Arme erster Ordnung, die Palmaria als Arme zweiter Ordnung bezeichnet werden und die sich nicht weiter verzweigenden Arme „definite arms" heissen. Ich halte es nun für zweckmässiger, nur die letzteren als Arme im engeren Sinne aufzufassen und ihnen sämmtliche mit einem Axillare endenden Theilungsserien als Armstämme oder kurzweg Stämme gegenüber zu stellen. Das zweite und dritte Radiale bilden in Folge dessen einen Stamm erster Ordnung, die Distichalia einen Stamm zweiter Ordnung u. s. f. Als einen „Arm" erster Ordnung könnte man aber nun einen solchen bezeichnen, der ohne weitere Verzweigung von einem Radiale axillare entspringt, einen Arm zweiter Ordnung den, der seinen Ursprung von einem distichalen Axillare nimmt, und so ist es ermöglicht, durch den einfachen Zusatz der Ordnung anzugeben, von welchem Axillare irgend ein definitiver Arm einer noch so vielarmigen Species entspringt. Dies wird da z. B. besonders angebracht sein, wo die Lage der Syzygieen oder die Form der unteren Pinnulae an den Armen je nach ihrem Ursprung wechselt.

Mit grösster Anerkennung möchte ich hier der gütigen Unterstützung
gedenken, die meinen Bemühungen von verschiedener Seite zu Theil wurde.
Insbesondere bin ich verpflichtet, Herrn Dr. P. H. Carpenter in Eton,
welcher durch längere Correspondenz meine Arbeit von Anfang an fördern
half, ferner aber den Directoren der oben genannten Museen, die mir liberaler
Weise ihr Material zur Verfügung stellten. Herrn Professor K. Kraepelin,
der mir durch die freundlichste Aufnahme im Hamburger Museum Gelegenheit gab, die dortigen Comatuliden durchzuarbeiten und mir ausserdem einen
Theil derselben Behufs Anfertigung von Zeichnungen nach Göttingen sandte,
sei auch an dieser Stelle nochmals herzlich gedankt.

Für die von der Hand des Herrn Universitätszeichenlehrer O. Peters
angefertigten Tafeln bin ich, ausser dem Künstler, aufrichtig verpflichtet, dem
Director des Göttinger Museums, Herrn Geh. Regierungsrath Professor
Dr. E. Ehlers, welcher die Güte hatte, mir die Bearbeitung der werthvollen
Brock'schen Sammlung anzuvertrauen.

Verzeichniss der wichtigsten Litteratur.

Bell, F. J. An Attempt to apply method of formulation to the species of Comatulidae with the description of a new species. Proc. Zool. Soc. London 1882, pag. 530—536, pl. XX.

— Report on the Zoological collections made in the Indo-Pacific Ocean during the Voyage of H. M. S. Alert, 1881—1882. Crinoidea in pag. 153—170, pls. X—XVII. London 1884.

Bölsche, W. Ueber *Actinometra Bennetii* und eine neue *Comatula*-Art (*Antedon Däbenii*). Arch. f. Naturgesch. Bd. XXXII. 1866. pag. 90—92.

Carpenter, P. H. The Comatulae of the Leyden Museum. Notes from the Leyden Museum Vol. III. 1881. pag. 173—217.

— Descriptions of new or little known Comatulae. I. On the species of Atelecrinus and Eudiocrinus. II. The Comatulae of the Hamburg Museum. Journ. Linn. Soc. (Zool.). Vol. XVI. London 1882, pag. 487—526.

— On the Classification of Comatulae. Proc. Zool. Soc. London 1882, pag. 731—747.

— Report of the Comatulae of the Mergui Archipelago. Journ. Linn. Soc. (Zool.), Vol. XXI, London 1888, pag. 304—316, pls. 26, 27.

Hartlaub, C. Beitrag zur Kenntniss der Comatulidenfauna des Indischen Archipels. Vorl. Mitth. in: Nachr. d. K. Ges. d. Wiss. etc. Göttingen 1890.

Müller, J. Ueber die Gattung *Comatula* Lam. und ihre Arten. Abhandl. d. K. Akad. d. Wiss. Berlin 1847, pag. 237—265.

2

Pourtalès, L. F. de. List of Crinoids obtained on the coasts of Florida and Cuba, by the United States Coast Survey Golf Stream Expeditions in 1867, 1868, 1869. Bull. Mus. Comp. Zool. Vol. I Nr. 11 1869, pag. 355—358.

Smith. Edg. Zoology of Rodriguez. Crinoida. Phil. Trans. Royal. Soc. Lond. Vol. 168. 1879.

Die von Herrn Professor Brock gesammelten Arten sind folgende:

Antedon affinis n. sp.
    bella n. sp.
    brevicuneata Carp.
    Brockii n. sp.
    Clarae n. sp.
    crassipinna n. sp.
    elongata J. Müll.
    imparipinna Carp.
    Ludovici Carp.
    nana n. sp.
    oxyacantha n. sp.

Antedon perspinosa Carp.
    „ *spinipinna* n. sp.
Actinometra Bennetti J. Müll.
    Coppingeri Bell.
    divaricata Carp.
    gracilis n. sp.
    parvicirra J. Müll.
    „ *pectinata* Retz.
    regalis Carp.
    typica Lovén.

Genus Antedon [1] de Fréminville.

De Fréminville, Bull. Soc. Philom. Paris 1811. t. II. p. 349.

„Centrodorsale gewöhnlich etwas halbkugelig oder conisch, selten scheibenförmig und gewöhnlich mit wenigstens zwanzig Cirren, oft einigen mehr, die nur wenig von seiner unteren Fläche freilassen. Aeussere Flächen der Radialia relativ hoch mit grossen Muskelplatten und starker Neigung gegen die Vertical-achse des Kelches.

---

[1] Das fälschlich meist als männlichen Geschlechts gebrauchte Wort *Antedon* stammt von dem Namen einer Nymphe „*Anthedon*", die zuerst von Pausanias erwähnt wird. (Vergl. Chall. Rep. XXVI. p. 91.)

2*

Scheibe mit centralem oder subcentralem Mund und fünf gleichmässigen Ambulacren, welche sich auf alle Arme forterstrecken. Die Zahl dieser ist fünf; sie sind sämmtlich von gleicher Länge und können ein Ambulacralskelett besitzen, das in diesem Falle am besten an den Pinnulae differenzirt ist. Sacculi, wenn nicht auch sonst, so doch fast immer an den Pinnulae vorhanden." (Carpenter.)

Carpenter theilt die *Antedon*-Arten in vier Serien nach der Lage der ersten Syzygie, sowie nach dem Charakter der Radien und der Art und Weise ihrer etwaigen Verzweigungen.

Die Serie I ist im Gegensatz zu allen übrigen dadurch ausgezeichnet, dass ihre beiden äusseren Radialia durch Syzygieen verbunden sind. 3 Arten.

Die Serie II umfasst sämmtliche zehnarmige Species. Ihre 62 Arten sind, wie auch die der folgenden Serien, in eine Anzahl Gruppen geordnet, welche nach der ältest bekannten resp. einer besonders typischen Art benannt wurden.

1) Basicurva-Gruppe. 20 Arten.

„Die Radialia und unteren Brachialia mit abgeplatteten Seiten; Ambulacra der Pinnulae gewöhnlich getäfelt."

(Durchweg neue vom Challenger gesammelte Arten aus grösseren Tiefen: vorwiegend pacifisch.)

2) Acoela-Gruppe. 2 Arten.

„Die Radien nicht seitlich abgeplattet. Ambulacra der Pinnulae wohl getäfelt."

(Ebenfalls zwei neue vom Challenger gesammelte Species aus grösseren Tiefen; West-Polynesien.)

3) Eschrichti-Gruppe. 7 Arten.

„Die ersten zwei oder drei Pinnulae lang und geisselförmig mit zahlreichen kurzen und breiten Gliedern."

(Arktische und antarktische Arten.)

4) Tenella-Gruppe. 19 Arten.

„Die Glieder der untersten Pinnulae, die oft lang und dünn sind, sind länger wie breit, oft um ein beträchtliches."

(Siehe pag. 88.)

5) Milberti-Gruppe. 14 Arten.

„Das erste Paar Pinnulae ist verhältnissmässig klein und ihre Glieder nur wenig länger wie breit. Ein oder mehrere von dem zweiten, dritten und vierten Paare sind länger und massiver, mit dickeren Gliedern als die folgenden."

(Siehe pag. 80.)

Die Serie III umfasst die Arten, deren Radien sich so theilen, dass die aus der ersten Theilung hervorgehenden beiden Stämme (Distichalia) aus zwei Gliedern bestehen. 44 Arten.

1) Spinifera-Gruppe. 12 Arten.

„Die radialen Axillaria und einige der folgenden Glieder mit mehr oder weniger abgeplatteten Seiten (wallsided) und einem wohl ausgebildeten Ambulacralskelett auf den Pinnulae."

(Siehe pag. 75.)

2) Palmata-Gruppe. 30 Arten.

„Scheibe ungetäfelt, ohne bestimmtes Ambulacralskelett. Die Seiten der unteren Brachialia sind, wenn überhaupt, so doch kaum abgeplattet. Die erste Pinnula kleiner als die folgende."

(Siehe pag. 35.)

Die Serie IV enthält die Arten, deren distichale Stämme drei-gliederig sind. 22 Arten.

1) Granulifera-Gruppe. 6 Arten.

„Getäfelte Ambulacra und die unteren Partieen der Radien seitlich abgeplattet."

(Formen aus grösseren Tiefen.)

2) Savignyi-Gruppe. 16 Arten.

„Arten mit ungetäfelter Scheibe und ohne bestimmtes Ambulacralskelett. Die Basis der Radien nicht abgeplattet seitlich."

(Siehe pag. 15.)

Als die besten Merkmale des Genus *Antedon* betrachte ich die centrale Lage des Mundes, die damit zusammenhängende Gleichmässigkeit der Ambulacren und das fast constante Vorhandensein der sogenannten Sacculi, jener merkwürdigen, besonders an den Pinnulae sitzenden braunen Körper, über

deren Natur man bis jetzt völlig im Unklaren ist. Weniger constant dagegen
ist die an der Spitze der Carpenter'schen Definition stehende halbkugelige
oder conische Form des Centrodorsale. Allerdings scheint dieselbe für manche
Abtheilungen, wie z. B. die *Basicurra*-Gruppe, durchaus die Regel zu bilden,
allein unter den mehr littoralen Arten der *Milberti*-, *Palmata*- und *Savignyi*-
Gruppe ist die flache oder selbst leicht eingesenkte Scheibenform des Centrodorsale nicht ungewöhnlich.

Die geographische Verbreitung der Gattung ist eine sehr ausgedehnte.
Wir kennen arktische und antarktische Formen und finden ihre Arten an fast
allen Küsten des atlantischen wie pacifischen Oceans. Nichtsdestoweniger
lässt sich erkennen, dass der Schwerpunkt ihrer Verbreitung im Indischen
Archipel und Polynesien liegt und dass wir als ein zweites Centrum vielleicht
die Caraibische See aufzufassen haben. Zu bemerken ist auch, dass die Verbreitung einzelner Gruppen auf gewisse Meere mehr oder weniger beschränkt
geblieben ist, wie z. B. die der sehr natürlichen, fast nur atlantischen *Tenella*-
Gruppe, und dass wir andererseits aber auch gewisse Formen kennen, wie
z. B. *Antedon carinata* Carp., die sich einer ausserordentlich weiten Verbreitung erfreuen. Vom bathymetrischen Gesichtspunkt scheint ein strenger
Gegensatz zwischen Tiefsee- und Flachwasser-Arten nicht zu existiren. Wir
finden allerdings, dass gewisse Gruppen, wie die *Basicurra* und *Acoela*,
wesentlich auf die Tiefsee angewiesen sind und sich auch durch bestimmte
Charaktere, wie z. B. die Täfelung der Ambulacren, von anderen Species
abheben, allein wir sehen in der *Tenella*-Gruppe andererseits auch Arten vereinigt, von denen einzelne, wie *Antedon abyssorum* (1600 Faden) und *Antedon*
abyssicola (2600—2900 Faden) zu den tiefsten Vertretern der Gattung zählen,
andere dagegen, wie die bekannte *Antedon rosacea* des Mittelmeeres, ganz
littoral sind.

Die von Professor Brock gesammelten Arten sind sämmtlich littoral
und stammen mit Ausnahme von *Antedon bella* n. sp. von Amboina. Die
Insel lieferte eine Ausbeute von fünf beschriebenen und acht neuen Species,
unter denen sich auffallender Weise nicht die von Amboina bekannte *Antedon*
bimaculata Carp. befand.

Von den neuen Arten fallen vier auf die *Palmata*-, drei auf die
Savignyi- und eine auf die *Tenella*-Gruppe.

Von den schon bekannten Species sind von besonderem Interesse *Antedon elongata* J. Müll. und *perspinosa* Carp., von denen je ein Exemplar gesammelt wurde. Erstere ist eine seltene Art, deren Fundort bisher unbekannt blieb, letztere ist bemerkenswerth als einzigster Vertreter der *Milberti*-Gruppe, deren Verbreitung doch gerade im Indischen Archipel eine sehr erhebliche ist.

Eine sehr gemeine Form scheint auf Amboina *Antedon Ludovici* Carp. zu sein, von der bisher nur das Originalexemplar von China bekannt wurde. Nächst ihr ist wohl *Antedon oxyacantha* n. sp. am häufigsten, eine neue Art, die viel Aehnlichkeit mit *Antedon spicata* Carp. besitzt. Nicht selten scheinen ferner *Antedon imparipinna* Carp. und *brevicuneata* Carp. zu sein.

Vorwiegend um Vertreter der *Palmata*- und *Savignyi*-Gruppe handelte es sich auch bei der Bearbeitung der Crinoiden des Hamburger und Berliner Museums. Die Zahl der zu beschreibenden Species wuchs durch sie natürlich wesentlich, was sich namentlich in der *Savignyi*-Gruppe bemerkbar macht, deren Artenzahl auf das Doppelte gestiegen ist.

Im Ganzen wurden 22 neue Arten aufgestellt, so dass die Gesammtzahl der überhaupt bekannten *Antedon*-Arten auf 142 gestiegen ist.

Die Savignyi-Gruppe.

„Drei Distichalia: Scheibe ungetäfelt; kein bestimmtes Ambulacralskelett. Die Basis der Radien seitlich nicht abgeplattet" (Carpenter).

Die Verbreitung dieser Gruppe erstreckt sich von der afrikanischen Küste und dem Rothen Meere nach dem Indischen Archipel und den pacifischen Inseln.

Bemerkenswerth ist, dass der Hauptcharakter, nämlich der Besitz von drei distichalen Gliedern bei einzelnen Arten, wie z. B. *Antedon nematodon* n. sp., *crassipinna* n. sp., nicht constant ist, und dass dieselben neben den typischen dreigliederigen Distichalstämmen eine Anzahl zweigliederiger aufweisen können.

Auf Amboina wurden vier hierher gehörige Arten gesammelt, und zwar zwölf Exemplare von *Antedon Ludovici* Carp., drei Exemplare von *Antedon crassipinna* n. sp. und je ein Exemplar von *Antedon affinis* n. sp. und *Antedon Brockii* n. sp.

Die *Antedon Ludovici* sind in vieler Hinsicht abweichend von dem aus China stammenden Original-Exemplare in Hamburg und wohl als locale Varietät aufzufassen.

Das Göttinger Museum besitzt von früher her eine neue zu dieser Gruppe gehörige Species, die *bengalensis* benannt wurde. Das Exemplar derselben hat elf Arme und demnach nur eine dreigliedrige Distichalserie. Die Art wird daher vermuthlich wie *Ant. anceps* Carp. und *curiipinna* Carp. auch als zehnarmige Form vorkommen und als solche zur *Milberti*-Gruppe gezählt werden müssen.

Ant. Martensi n. sp., Singapore, ist eine 'andere hierher gehörige *Antedon* aus der Berliner Sammlung. Die Species ist leicht kenntlich an ihren distichalen Pinnulae, die sehr massiv sind und aus nur wenigen grossen Gliedern bestehen.

Im Hamburger Museum fand ich zwei neue Arten, nämlich *Ant. Kraepelini* von Akyab und *Ant. nematodon* (Ltk. M. S.) von Bowen. Die erstere ähnelt *Ant. Martensi* durch sehr dicke untere Pinnulae, die letztere ist eine Form mit zweigliederigen palmaren und einzelnen postpalmaren Serien, rauhen Armen, ungekielten Pinnulae und dornigen Cirrusgliedern.

Die *Savignyi*-Gruppe, die nach Carpenters Aufstellung aus 9 Arten bestand, ist somit jetzt um 7 neue bereichert. Einen Ueberblick über die nunmehr beschriebenen Species und ihre gegenseitigen Beziehungen möge die folgende Tabelle geben. Sie ist wesentlich eine Wiedergabe und Erweiterung der Carpenter'schen. Nur *Antedon acuticirra* Carp., die ich für identisch mit *Antedon Ludovici* halte, wurde gestrichen.

A. Drei Distichalia, keine Palmaria.

I. Das Centrodorsale trägt 10 verticale Reihen von Cirren mit 60—70 Gliedern. Die distichale Pinnula ist länger wie die folgende

angustiradia Carp.

II. Nicht mehr als 45 Cirrusglieder. Cirren ohne bestimmte Anordnung. Die distichale Pinnula gewöhnlich kleiner als die folgende.

    a. Die Glieder der unteren Pinnulae ohne seitliche Fortsätze.

        1) 40—45 Cirrusglieder, die meist dornig sind. Gewöhnlicher syzygialer Zwischenraum, 7—10 Glieder.

Reynaudi J. Müll.

        2) 25—35 Cirrusglieder. Syzygialer Zwischenraum, gewöhnlich 3—7 Glieder.

            α. 25—30 Cirren mit starken Dornen an den äusseren Gliedern. Zweite Syzygie um das 18. Brachiale herum. Distichalia immer vorhanden, manchmal auch Palmaria. Arme glatt.

Savignyi J. Müll.

            β. 15—20 Cirren, die äusseren Glieder nicht dornig. Zweite Syzygie nicht jenseits des 14. Brachiale. Distichalia zuweilen fehlend.

anceps Carp.

        3) 20—25 Cirrusglieder, die äusseren dornig. Syzygialer Zwischenraum 7—9 Glieder. Untere Pinnulae gekielt. Radien mit abgeplatteten Seiten. (Distichalia wahrscheinlich zuweilen ganz fehlend).

1) *bengalensis* n. sp. (pag. 19)

    b. Die Glieder der unteren Pinnulae haben seitliche Fortsätze an ihren Enden.

variipinna Carp.

B. Palmaria vorhanden.

I. Zwei Palmaria, das Axillare keine Syzygie.

    a. Die Glieder der unteren Pinnulae haben seitliche Fortsätze an ihren Enden.

variipinna Carp.

    b. Die Glieder der unteren Pinnulae haben keine seitlichen Fortsätze an ihren Enden.

1) Distichale Pinnulae sehr dick.

  α. Die Armglieder haben vom dritten an stark aufgeworfene
     distale Ränder; die Gliedergrösse an der distichalen Pinnula
     nimmt sprungweise ab.

                    2) *Martensi* n. sp. (pag. 21)

  β. Die 7—8 basalen Armglieder haben glattere Verbindung
     als die übrigen. Die Dicke der distichalen Pinnula nimmt
     nach ihrem Ende allmählich ab. Aeussere Palmarserien oft
     dreigliederig.
                    3) *Kraepelini* n. sp. (pag. 22)

2) Distichale Pinnula nicht durch besondere Dicke ausgezeichnet.

  a. 25—35 Cirrusglieder.

    α. Distichale Pinnula ungefähr sb gross wie die des zweiten
       Brachiale; 20 Cirren. Die äusseren Glieder ohne
       Dornen. Zweite Syzygie nicht jenseits des 14. Brachiale.

                    quinduplicava Carp.

    β. Distichale Pinnula kleiner wie die des zweiten Brachiale.

       1) 25—30 Cirren mit starken Dornen an den
          äusseren Gliedern. Erste Radialia sichtbar. Arme
          ganz glatt. Pinnulae nicht gekielt.

                    Savignyi J. Müll.

       2) Circa 30 Cirren, die äusseren Glieder mit
          kräftigen Dornen. Arme nicht glatt. Glieder der
          unteren Pinnulae mit vorstehenden dornigen distalen
          Rändern.
                    4) *Brockii* n. sp. (pag. 23)

       3) Nur die äussersten Cirrusglieder mit kleinen
          Dornen. Erste Radiala nicht sichtbar. Arme nicht
          ganz glatt. Pinnulae der proximalen Armregion gekielt.

                    5) *affinis* n. sp.   (pag. 25)

b. 35—55 Cirrusglieder.

α. Dritte äussere Pinnula kürzer als die zweite. Pinnulae nicht gekielt. Glieder der äusseren Cirrushälfte mit ziemlich kräftigen Dornen.

6) *nematodon* (Ltk. M. S.) n. sp. (pag. 27)

β. Dritte äussere Pinnula länger wie die zweite. Pinnulae der proximalen Armregion gekielt.

7) *Ludovici* Carp. (pag. 29)

II. Palmar-Serien zweigliederig und dreigliederig.

a. Fast 60 Cirrusglieder; die äusseren länger als breit und ganz glatt. Die terminalen Glieder der unteren Pinnulae viel kleiner als die basalen. Keine Postpalmaria.

bipartipinna Carp.

b. Ungefähr 37 Cirren mit 30—40 Gliedern; die äussersten derselben zuweilen mit kleinen Dornen. Postpalmaria vorhanden. Die unteren Pinnulae sehr dick und steif.

8) *crassipinna* n. sp. (pag. 32)

III. Palmar-Serien dreigliederig, das Axillare mit Syzygie.

45 Cirrusglieder, die äusseren kurz und dornig.

Philiberti J. Müll.

Abgebildet wurde ausser den neuen Arten noch ein Original-Exemplar von *Antedon Savignyi* J. Müll., welches die Direction des Berliner Museums die Güte hatte der Göttinger Sammlung im Tausch zu überlassen. S. Taf. 2. Fig. 20. Erwähnt sei hierbei, dass die Species durchaus nicht immer die vom Autor angegebene Armzahl 20 erreicht, und dass vielmehr ein ebenfalls in Göttingen befindliches zweites Original-Exemplar nicht mehr wie 13 Arme besitzt.

1) **Antedon bengalensis n. sp.** (Taf. 1. Fig. 2. Taf. 2. Fig. 16.)

Centrodorsale eine ziemlich grosse convexe Scheibe mit 17 Cirren in einer und theilweise zwei Reihen an seinen abfallenden Seiten. Die freie con-

3*

vexe Oberfläche ist mit kleinen Grübchen sculpturirt. Die Cirren sind ungefähr 13 mm lang und haben 22—24 Glieder, von denen das 5., 6., 7. und 8. etwas länger, wie breit sind. Die äusseren Glieder sind ein Bisschen comprimirt und tragen vom neunten an wohlentwickelte Dornen.

Erste Radialia theilweise sichtbar; zweite kurz und breit, frei an den Seiten oder in theilweiser Berührung; die Axillaria kurz, breit, fünfeckig. Nur eine Distichalserie, die übrigen Arme entspringen von einem Radiale axillare. Die Distichalserie ist dreigliederig, das Axillare mit Syzygie. Die Radien haben abgeplattete Seiten vom zweiten Radiale bis zweiten Brachiale, und zwar in Form von niedrigen Leisten, die etwas vortreten und von der abgerundeten dorsalen Partie der Glieder scharf abgesetzt sind.

11 Arme mit stumpf gesägter Rückenlinie. Ihre Glieder sind sehr kurz. Die ersten acht basalen Armglieder, das dritte nicht ausgenommen, so kurz, wie die übrigen. Sie haben, besonders das zweite, alternirend seitliche, schwache Hervorragungen am distalen Rande. Die folgenden Glieder sind keilförmig, mit etwas vorstehenden distalen Rändern, später werden sie mehr scheibenförmig und bleiben kurz bis zum Ende des Armes.

Erste Armsyzygie im dritten Brachiale; die nächste im achten oder neunten Gliede und die folgenden in Zwischenräumen von zwei bis fünf, gewöhnlich drei Gliedern. Gegen das Ende des Armes werden die Zwischenräume etwas grösser. Zweite Syzygie in den Armen zweiter Ordnung erst im 15. Gliede und die folgenden in Zwischenräumen von 7—9.

Die unteren Pinnulae sind ziemlich steif. Die Distichale, resp. unterste Armpinnula, ist kurz und besteht aus ungefähr 20 Gliedern. Die zweite und dritte Pinnula sind nahezu gleichlang, 7 mm. Die folgenden nehmen allmählich an Länge ab bis zum sechsten Paare, welches das kürzeste ist. Von hier ab nehmen sie rasch an Grösse wieder zu, bis zu ihrer definitiven Länge von etwa 5 mm. Die Pinnulae vom 2., 4. und 6. Brachiale sind etwas länger, als die entsprechenden an der Innenseite des Armes. Die proximalen Glieder aller dieser Pinnulae sind kurz und breit und in den acht oder neun ersten Paaren deutlich und scharf gekielt. — Sacculi: an den Pinnulae gross und dichtstehend, zwei sehr regelmässige Reihen bildend. Auf der Scheibe fehlen sie. Scheibe: 8 mm Durchmesser, stark eingeschnitten. Klafterung: wahrscheinlich 10 cm. Färbung: Skelett: Centrodorsale und Cirren weiss.

Arme: fleischfarben mit chocoladebraunen Bändern zwischen den Gliedern. Scheibe: hell graubraun. Fundort: Golf von Bengalen. Ein Exemplar. Göttinger Museum.

Die unserer Art vielleicht am nächsten verwandte Species dieser Gruppe ist *Ant. anceps* Carp., welche auch nur 10—14 Arme besitzt. Aber *Ant. bengalensis* ist von ihr durch folgende gute Kennzeichen unterschieden. Zunächst hat sie nur 22—24 Cirrusglieder gegen 25—35 bei der anderen Art: dann sind die äusseren dieser Glieder bei ihr deutlich dornig, während sie bei dieser keine Dornen haben. Bei *Ant. anceps* befindet sich auf der Mitte der Verbindung zwischen 2. und 3. Radiale ein „more or less distinct tubercle", bei *Ant. bengalensis* nicht. Ferner ist unsere neue Art ausgezeichnet durch die abgeplatteten Seiten ihrer Radien und schliesslich durch die Kielung der Pinnula-Glieder im proximalen Theile der Arme.

2) Antedon Martensi n. sp. (Taf. 1. Fig. 3 und 6.)

Centrodorsale eine dicke Scheibe mit flacher, cirrusfreier Oberfläche und ungefähr 20 ziemlich dicken Cirren in zwei Reihen. Die Cirren sind ungefähr 18 mm lang und haben etwa 25 Glieder, von denen die äusseren kleine Dornen tragen können. Die distalen Ränder der Glieder treten etwas vor: das vorletzte Glied mit starkem Dorn.

Erste Radialia an ihren Seiten etwas sichtbar; zweite seitlich ganz frei; Axillaria pentagonal. Die distichalen Serien sind dreigliederig, das Axillare mit Syzygie. Palmarserien zweigliederig, das Axillare ohne Syzygie.

Erste Distichalia theilweise mit dem Nachbargliede vereinigt. Glatte Verbindung der Glieder. Die Radialia axillaria und ersten Distichalia haben kleine seitliche Hervorragungen.

Wahrscheinlich nicht mehr als 30 Arme. Kurze, übergreifende Glieder, die mit Ausnahme der beiden ersten stark vorstehende distale Ränder haben.

Erste Syzygie im dritten Brachiale: nächste um das dreiundzwanzigste herum.

Die distichalen Pinnulae sind sehr dick und steif und von etwa 9 mm Länge. Sie bestehen aus 12—15 Gliedern, von denen die drei basalen sehr gross sind und die folgenden sprungweise an Grösse abnehmen. Die Pinnula des zweiten Brachiale ist kleiner und weniger steif, obwohl ihre basalen

Glieder auch sehr gross sind. Die darauf folgende des vierten Brachiale ist viel kleiner, kaum 4 mm lang, und hinter den basalen Gliedern schnell dünn werdend. — Sacculi an den Pinnulae ziemlich spärlich. Scheibe: 10 mm Durchmesser. stark eingeschnitten. Färbung: Skelett: graubraun. Scheibe: braun. Klafterung: —. Fundort: Singapore. Ein Exemplar, gesammelt von Prof. Ed. von Martens. Berliner Museum.

Das dieser Species zu Grunde gelegte Exemplar ist leider recht mangelhaft erhalten, insofern ihm die Arme bis auf einen Stummel fehlen. Indessen werden die angeführten Kennzeichen ausreichen, um die Art von jeder anderen zu unterscheiden. Besonders charakteristisch sind die massiven, höchst eigenartig gestalteten distichalen Pinnulae und die schon am dritten Brachiale stark hervortretenden distalen Ränder der Armglieder. Die Art steht am nächsten unserem *Antedon Kraepelini* n. sp. von Akyab, mit dem sie u. A. auch die Lage der zweiten Syzygie theilt. (s. unten.)

3) Antedon Kraepelini n. sp. (Taf. 2. Fig. 15.)

Centrodorsale dick, in der Mitte stark ausgehöhlt: die Seiten gewölbt: circa 30 Cirren (davon nur 2 Stummel erhalten).

Die ersten Radialia nur wenig zu sehen: seitlich getrennt: zweite Radialia seitlich vollkommen frei: Axillaria ziemlich kurz. pentagonal. Distichalserien dreigliederig, das Axillare mit Syzygie. Palmarserien — innere stets zweigliederig, äussere oft dreigliederig und dann mit Syzygie im Axillare. Glatte Verbindungen der Stammglieder: die jederseits auf ein Axillare folgenden ersten Glieder theilweise mit einander vereinigt.

38 rauhe, ziemlich kurze Arme, die sich rasch verjüngen. Die Glieder werden von ungefähr dem achten an sehr kurz und keilförmig, mit ziemlich stark vorspringenden distalen Rändern. In der äusseren Hälfte des Armes sind sie wieder mehr scheibenförmig. Die basalen Armglieder sind scheibenförmig und haben glattere Verbindung.

Erste Syzygie im dritten Brachiale. Zweite um das 23. herum und die folgenden in Zwischenräumen von meist 8 Gliedern.

Distichale und palmare Pinnulae dick und massiv. Die ersteren sind etwa 13 mm lang und bestehen aus etwa 18 annähernd quadratischen Gliedern, die nach dem Ende der Pinnula hin allmählich etwas dünner werden. Die palmaren Pinnulae haben dieselbe Gestalt und manchmal auch fast dieselbe Länge. Im Allgemeinen aber sind sie etwas kürzer. Die Pinnula des zweiten Brachiale an äusseren Armen hat an ihrer Basis ähnliche Form, aber sie ist viel kürzer und wird nach den basalen Gliedern schnell dünn. An den inneren Armen ist sie bedeutend schwächer. Die Pinnula des dritten Gliedes ist ausserordentlich klein. Die darauf folgenden Paare sind, besonders vom dritten an, sehr winzig und von annähernd gleicher Länge. Sie werden erst vom 14. Brachiale an wieder ganz allmählich grösser, ohne überhaupt mehr als 5 mm Länge zu erreichen. — Sacculi an den Pinnulae klein und spärlich. Scheibe: verloren. Farbe des Skeletts: weisslich hellbraun. Klafterung: wahrscheinlich 8—10 cm. Fundort: Akyab. Ein Exemplar (Museum Godeffroy). Hamburger Museum.

Ich erlaube mir diese neue Art nach Herrn Professor Dr. K. Kraepelin, dem Director des Naturhistorischen Museums zu Hamburg, zu nennen. Das Exemplar, welches ihrer Beschreibung zu Grunde liegt, ist leider insofern recht defect, als die Cirren und grösstentheils auch die Arme abgebrochen sind. — Die Species ist auffallend durch die Dickigkeit ihrer proximalen Pinnulae, welche um so mehr hervortritt, als die mehr distalen Pinnulae ungemein klein und zart sind. Auch ist die Kürze und schnelle Verjüngung der Arme bemerkenswerth, welche im Gegensatze steht zu dem centralen Theile des Thieres, der ein kräftiges Centrodorsale und relativ starke erste Theilungsserien besitzt. Die Art scheint am nächsten *Ant. Martensi* zu stehen. Doch unterscheiden sich beide in der Form des Centrodorsale, der Arme und der unteren Pinnulae. Letztere sind bei beiden Arten sehr massiv, aber bei *Ant. Martensi* in noch höherem Grade und mit besonderer Vergrösserung der basalen Glieder (vergl. Taf. 1. Fig. 6). Die dicken Pinnulae haben bei dieser Species ausserdem eine unebene Oberfläche durch etwas sprungweise Grössenabnahme ihrer Glieder, was bei *Ant. Kraepelini* nicht der Fall ist. Auch ist für *Ant. Martensi* charakteristisch, dass das starke Vorspringen der distalen Ränder der Armglieder bereits am dritten Brachiale beginnt.

4) **Antedon Brockii n. sp.** (Taf. 1. Fig. 4, 12, 13. Taf. 2, 17.)

Centrodorsale ziemlich gross und dick, mit flacher, cirrusfreier Oberfläche. Ungefähr 30 kräftige Cirren in zwei und theilweise drei Reihen, die nicht ganz auf den Rand beschränkt sind. Sie erreichen 30 mm Länge und bestehen aus 30—37 Gliedern, von denen einige wenige ein Bisschen länger als breit sein mögen. Starke Dornen vom 10. oder 12. Gliede aufwärts.

Erste Radialia sehr wenig sichtbar; zweite kurz, in theilweiser seitlicher Vereinigung; Axillaria sehr kurz, pentagonal. Drei Distichalia, das Axillare mit Syzygie. Palmarserien zweigliederig, das Axillare ohne Syzygie; nur von der Innenseite der distichalen Axillaria entspringend. Auf der Verbindung von je zwei auf ein Axillare folgenden Gliedern eine schwache dorsale Erhebung, am stärksten entwickelt zwischen dem ersten und zweiten Brachiale. Keine Postpalmaria.

28 Arme mit kurzen Gliedern und ziemlich langen Pinnulae. Rückenlinie des Armes in Folge der vortretenden distalen Gliedränder schwach gesägt. Die ersten 8 oder 9 Glieder haben glatte Verbindung und sind länger als die übrigen. Das dritte (Syzygie) fast quadratisch. Die wenigen zunächst folgenden sind scheibenförmig und bilden mit einander schwache, alternirend seitlich gelegene Erhabenheiten und Vertiefungen, was ihre Gesammtoberfläche etwas uneben macht. Dann eine Reihe etwas keilförmiger Glieder, die bald wieder in scheibenförmige übergehen. Die Glieder bleiben kurz bis zum Armende.

Erste Syzygie im dritten Brachiale; zweite vom 22. bis 26. Gliede und die folgenden in Zwischenräumen von 7—9 Gliedern.

Distichale Pinnulae, resp. die des zweiten Brachiale in Armen erster Ordnung, schlank und zart, von ungefähr 11 mm Länge. Die des zweiten Brachiale an anderen Armen fast so lang, aber nicht ganz so stark, wie die des vierten Brachiale, die 20 mm erreicht und ungefähr 30—35 Glieder hat. Die Pinnula des sechsten Gliedes bedeutend kürzer und auch die Länge der beiden folgenden nimmt noch ab. Die Pinnula des dritten Brachiale variirt in der Grösse, ist aber meistens so lang wie die Distichale. Zuweilen ist sie fast so lang wie die des fünften Brachiale, die ihrerseits stets ein gutes Stück kürzer ist als die lange, schlanke und in ihrem äusseren Theile sehr dünn werdende Pinnula des vierten Brachiale. Die äusseren Pinnulae erreichen 12 mm. Sämmtlichen unteren Pinnulae eigenthümlich sind die etwas vorstehenden, fein gezähnten distalen Ränder ihrer Glieder (s. Taf. 1. Fig. 12). — Sacculi an den Pinnulae dichtstehend, obwohl wegen der allgemeinen tiefen Färbung nicht

auffallend. Scheibe: 15 mm Durchmesser, stark eingeschnitten; mit eigenthümlichen kleinen, conischen, an den Einschnitten und an der Basis der
ersten Verzweigungen gelegenen Auswüchsen, auf welche sich die Ambulacralrinne fortsetzt. Analrohr getäfelt. Färbung: tief schwarzbraun, mit
einem Stich ins Röthliche. Klafterung: circa 28 cm. Fundort: Amboina.
Ein Exemplar.

Die neue Art ähnelt auf den ersten Blick *Antedon Ludovici* durch
ihre schwarze Färbung, ihr Centrodorsale, ihre Cirren und die Form der
Armglieder. Doch wird eine Vergleichung der Pinnulae sofort genügen, beide
Arten zu unterscheiden, da die für *Antedon Ludovici* so charakteristische
Kielung der unteren Pinnulae unserer *Antedon Brockii* vollkommen fehlt.

Die kleinen conischen Auswüchse der Scheibe dürften frühzeitig ab-
gelösten und selbständig weitergewachsenen Weichtheilen der untersten
Pinnulae entsprechen. Sehr ausgeprägt findet man sie an dem in Hamburg
befindlichen Originale von *Hyponome Sarsii* Lovén, ferner auf den Abbildungen
von *Antedon multiradiata* Lam. (Challenger, Rep. Vol. XI. Pl. LV. Fig. 3, 4.)

5) **Antedon affinis n. sp.** (Taf. 1. Fig. 14. Taf. 2. Fig. 18 und 21.)

Centrodorsale eine ziemlich kleine Scheibe mit ungefähr 24 Cirren in
zwei unregelmässigen Reihen. Grösste Länge der Cirren 20 mm. Gliederzahl 20—30. Einige Glieder sind ein wenig länger wie breit. Die äusseren
sind stark comprimirt und gekielt; sie überragen dorsal stark die Basis des
nächsten Gliedes, wodurch der Cirrus hier gesägt erscheint, und die äussersten
Glieder haben kleine Dornen. Die Cirren sind nicht auf den Rand beschränkt
und lassen nur einen ziemlich kleinen, unregelmässigen, centralen Raum der
Scheibe frei.

Erste Radialia nur wenig zu sehen; zweite theilweise seitlich vereinigt;
Axillaria ziemlich kurz, pentagonal. Von einem derselben entspringt jederseits ein definitiver Arm; von den vier anderen entspringen auf der einen
Seite ein definitiver Arm, auf der anderen Seite eine dreigliederige Distichalserie, deren Axillare eine Syzygie hat. Auf jede Distichalserie folgt eine
zweigliederige Palmarserie. Keine postpalmaren Stämme. Die ersten Distichalia
sind kurz und haben die Länge von dem ersten Brachiale des anstossenden
Armes, mit dem sie seitlich vereinigt sind.

18 schlanke und ziemlich glatte Arme. Die basalen Glieder sind kurz: das erste Glied ist kürzer als das zweite, das dritte Glied ebenfalls kurz, die folgenden Glieder sind kurze Scheiben mit schwachen Vorragungen nach rückwärts. Dann, vom achten oder neunten Gliede an, eine Reihe von Gliedern, die dreieckig und ein gut Theil länger sind; diese werden um das 30. Glied herum kürzer und abgestumpfter, keilförmig, dann weiterhin kurz scheibenförmig und schliesslich mehr quadratisch.

Erste Syzygie im dritten Brachiale: die nächste vom 10. zum 13. Gliede und die folgenden in Zwischenräumen von 8—10 Gliedern. Die zweite Syzygie in Armen erster Ordnung ist im siebenten oder achten Brachiale mit den folgenden in Zwischenräumen von 4 oder 5 Gliedern.

Die untersten Pinnulae, ob distichal oder brachial, sind sehr klein und zart, mit gekielten, ziemlich grossen Basalgliedern. Die Pinnula des zweiten Brachiale, wenn sie auf eine distichale Pinnula folgt, ist ein gutes Stück länger wie diese und misst ungefähr 9 mm; die vom dritten Brachiale ist sehr klein. Die grösste Pinnula ist die vom vierten Brachiale mit 12 mm; die auf sie folgenden nehmen an Länge ab bis zum 12. Gliede. Die Pinnula des fünften Brachiale ist kürzer als die vom vierten. Die Pinnula des sechsten Brachiale an Armen erster Ordnung ist fast so lang als die des vierten. Die Pinnulae ungefähr der ersten 20 Armglieder haben einige gekielte Glieder an ihrer Basis. Die Länge der übrigen Pinnulae erreicht 7 mm. — Sacculi in Menge an den Armen und Pinnulae. Scheibe: nackt, eingeschnitten; 13 mm Durchmesser. Klafterung: wahrscheinlich um 13 cm. Färbung: Skelett hell chocoladebraun; Scheibe dunkelbraun. Fundort: Amboina. Ein Exemplar.

Die neue Species zeigt viel Aehnlichkeit mit den wahrscheinlich identischen beiden Arten *Antedon bipartipinna* Carp. und *Ludovici* Carp., d. h. also Formen, welche mit dem Besitze von Palmarserien schlanke, gekielte Pinnulae in der proximalen Armregion verbinden. Da das Exemplar nicht geschlechtsreif ist, so erscheint es auch nicht ausgeschlossen, dass sich unsere neue Art nur als ein Jugendstadium von *Ant. Ludovici* erweisen könnte, obwohl mir nachstehende Eigenthümlichkeiten mehr auf eine specifische Selbständigkeit hinzuweisen scheinen. *Antedon affinis* unterscheidet sich von *Antedon Ludovici* durch viel geringere Grösse und einen sehr gracilen Bau.

Ausserdem haben seine Cirren eine relativ entschieden feinere Structur und eine geringere Zahl von Gliedern [20—30 gegen 35—40 (Amboina) und 40—50 (Hongkong)], vergl. pag. 30. Sodann fehlen unserem *Ant. affinis* die für *Ant. Ludovici* so charakteristischen Buckel auf den Verbindungen der den Axillaria folgenden zwei Glieder, und die Gesammtoberfläche der ersten 8 oder 9 Armglieder hat nur eine Andeutung der Unebenheit, die wir so ausgeprägt bei jener Art finden. Endlich sind bei ihm die dreieckigen Glieder, welche auf die Armbasis folgen, entschieden länger als die entsprechenden Glieder der anderen Art, die auch nicht dreieckig sind (vergl. Taf. 1. Fig. 11 und 14). Die Uebereinstimmung zwischen beiden Formen liegt einmal, wie erwähnt, in der Richung der Pinnulae, sodann in der Form der unteren Armglieder, insbesondere der der kurzen dritten Brachiale und schliesslich in der Anordnung der Arme und der Theilungsart der Radien.

6) **Antedon nematodon (Ltk. M. S.) n. sp.** (Taf. 1. Fig. 9.)

Centrodorsale eine dicke convexe Scheibe mit ungefähr 30 Cirren in 2 und stellenweise 3 unregelmässigen Reihen. Die Cirren haben 40 -50 annähernd gleichförmige Glieder, von denen keines länger als breit ist. In den äusseren zwei Dritttheilen, mindestens in der äusseren Hälfte des Cirrus, tragen sie ziemlich kräftige Dornen. An ihrem Ende sind die Cirren ziemlich stark comprimirt. Ihre Länge beträgt etwa 25 mm.

Erste Radialia nicht sichtbar: zweite sehr kurz, vollkommen frei seitlich; die Axillaria fast dreieckig, ebenfalls sehr kurz. Distichalserien dreigliederig, ausnahmsweise auch zweigliederig. Palmarserien zweigliederig, aber dreigliederig, wenn sie auf zweigliederige Distichalserien folgen. Postpalmarserien nur wenige entwickelt: zweigliederig. Die Glieder der Theilungsserien sind, verglichen mit denen der Radialia, ziemlich lang. Die auf ein Axillare folgenden ersten Glieder seitlich fast vollständig mit einander vereinigt.

38 rauhe, etwas comprimirte Arme mit schmalem Rücken: kurze scheibenförmige Glieder, deren distale Ränder ziemlich stark vortreten und im ersten Drittel des Armes seitlich etwas übergreifen. Nur die basalen Glieder haben glatte Verbindung.

4*

Erste Syzygie im dritten Brachiale, die nächste vom 22. Gliede an, oft um das 30. Glied herum, aber auch weiter hinaus, um das 40. Die folgenden in Zwischenräumen von 12—20 Gliedern.

Die unteren Pinnulae im Allgemeinen von feiner Structur und glatten cylindrischen Gliedern. Distichale Pinnula etwa 12 mm lang mit circa 25 Gliedern, von denen die unteren ziemlich dick, die der äusseren Hälfte sehr dünn sind und gegen das Ende hin etwas länger wie breit werden. Die Glieder sind in der Mitte dunkel und an ihren Enden hell gefärbt. Die Pinnula des zweiten Brachiale von ähnlichem Aussehen, mit circa 30 Gliedern, etwa 14 mm lang, sich etwas allmählicher verjüngend: die des dritten Brachiale sehr klein; die auf das zweite Brachiale folgenden Pinnulae nehmen ziemlich sprungweise an Länge ab bis zum 12. Gliede, von dem an sie wieder länger werden. Sie erreichen dann etwa 10 mm. — Sacculi bei der allgemeinen tiefen Färbung nicht auffallend. Scheibe: etwa 15 mm Durchmesser; tief eingeschnitten. Klafterung: über 16 cm. (Die Armenden sind abgebrochen.) Färbung: tief schwärzlich braun. Fundort: Bowen. 1 Exemplar (Museum Godeffroy). Hamburger Museum.

Antedon nematodon gehört zu den Arten der *Savignyi*-Gruppe, die zwei Palmaria besitzen und deren untere Pinnulae nicht durch besondere Dicke ausgezeichnet sind. Von den hierher zu rechnenden Formen haben *Ant. bipartipinna* Carp. und *Ant. Ludovici* Carp. die ziemlich bedeutende Anzahl von Cirrusgliedern mit *Ant. nematodon* gemein, allein die beiden ersteren unterscheiden sich von ihm durch Kielung ihrer Pinnulae in der proximalen Armregion und ferner dadurch, dass die Pinnula ihres vierten Brachiale länger ist als die des zweiten. Bemerkenswerth für unsere Art ist ausserdem die Lage der zweiten Syzygie im 30. Brachiale und darüber hinaus, sodann die ansehnliche Zahl der Arme, die auf dem Vorhandensein von postpalmaren Serien beruht, und schliesslich die zwischen zwei und drei wechselnde Zahl der Distichalia und resp. Palmaria. Viel Aehnlichkeit hat die neue Art mit *Antedon cariipinna* Carp., wenn man absicht von der viel geringeren Grösse dieser Species und der Eigenthümlichkeit ihrer unteren Pinnulae, seitliche Fortsätze an den Gliedern zu bilden. Auch ist die Zahl der Cirrusglieder bei *Antedon nematodon* grösser.

7) **Antedon Ludovici Carp.** (Taf. 1. Fig. 7, 8 und 11.)

P. H. Carpenter, Description of new or little known Comatulae in: Journal of the Linnean Society, Vol. XVI, 1882.

Syn.: *Antedon acuticirra* Carp. 1882, ibid. — ? *Antedon bipartipinna* Carp. ibid.

Centrodorsale gross, leicht convex; die cirrusfreie Oberfläche desselben oft mit kleinen Grübchen sculpturirt. Ungefähr 25 ziemlich lange und dicke Cirren in zwei unregelmässigen Reihen. Sie werden ungefähr 35 mm lang und haben 35—40 Glieder, von denen keines länger als breit ist. Die äusseren Glieder tragen dorsale Knötchen und die letzten zuweilen selbst deutliche Dornen.

Erste Radialia gerade sichtbar an den Winkeln der Radien oder gänzlich verborgen; die zweiten mit ihren Seiten vollständig vereinigt; Axillaria kurz, fünfeckig. Die Distichalserien als Regel dreigliederig, das Axillare mit Syzygie, zuweilen aber einzelne von ihnen zweigliederig, das Axillare ohne Syzygie. Die Palmarserien entspringen meist nur von der Innenseite der distichalen Axillaria. Sie sind zweigliederig, aber immer dreigliederig, wenn sie auf zweigliederige Distichalserien folgen, und dann das Axillare mit Syzygie. Auf der Verbindung des zweiten und dritten Radiale, sowie auf denen von je zwei auf ein Axillare folgenden Gliedern ziemlich starke Erhebungen. Die Seiten der Radien frei, obwohl manchmal einander stark genähert.

16—22 lange Arme, von denen einzelne direct von einem Radiale axillare entspringen. Die Rückenlinie der Arme nur wenig gesägt; die Gesammtoberfläche der ersten sieben Armglieder aber sehr uneben in Folge von alternirend seitlich gelegenen Vertiefungen und Erhabenheiten. Die Armglieder sind kurz; das erste kürzer als das zweite, auf der Verbindung beider ein wohl ausgeprägter dorsaler Höcker; das dritte Glied (Syzygie) ist ganz kurz; dann einige scheibenförmige Glieder und darauf eine Serie von keilförmigen, die weiterhin immer mehr abgestumpft werden und in der Mitte des Armes in kurze breit rechteckige übergehen.

Erste Syzygie im dritten Brachiale; die nächste zwischen dem elften und neunzehnten Gliede; dann in Zwischenräumen von 6—10 Gliedern. Zweite Syzygie in Armen erster Ordnung im achten Brachiale, manchmal aber auch erst im fünfzehnten; die folgenden häufig in Zwischenräumen von 6 oder 7 Gliedern.

Die erste Pinnula (zweites Distichale, resp. zweites Brachiale) ist 8—9 mm lang und hat ungefähr die Länge der Pinnula der dritten Brachiale, die gewöhnlich etwas kleiner ist. Die zweite Pinnula derselben Armseite gewöhnlich viel länger und fast so gross wie die nächste; etwa 18 mm. Die Länge der vierten Pinnula variirt, ist aber meist geringer; die der folgenden Pinnulae nimmt ab bis zum fünfzehnten Gliede, wo sie noch 7 oder 8 mm beträgt. Die grösste Länge der äusseren Pinnulae beträgt 14 mm. Die unteren Glieder aller Pinnulae im proximalen Drittel des Armes sind stark gekielt. Die grossen unteren Pinnulae sind ziemlich steif und die vom vierten und fünften Brachiale bestehen aus einigen 20 Gliedern, von denen keines länger als breit ist. Sie haben scharfe Kanten. Die kleinen ersten Pinnulae sind schlank und werden nach den ersten basalen Gliedern sehr dünn. — Sacculi in Menge an den Pinnulae, aber wegen der allgemeinen tiefen Färbung nicht hervortretend. Scheibe: ungefähr 14 mm Durchmesser; stark eingeschnitten. Färbung: in Spiritus gleichmässig schwarz; in trockenen Exemplaren etwas röthlich braun. Klafterung: 36 cm. Fundort: Amboina. 12 Exemplare.

Ich habe die oben beschriebene Form anfänglich für eine neue Species gehalten. Dr. Carpenter aber, dem ich ein Exemplar derselben schickte, hatte die Güte, mich auf die Wahrscheinlichkeit ihrer Identität mit seiner *Antedon Ludovici* von Hongkong hinzuweisen, und in der That überzeugte ich mich in Hamburg von der Richtigkeit seiner Vermuthung. Wir haben es hier offenbar mit einer der so sehr variabelen Formen zu thun, die ähnlich der *Actinometra parvicirra* J. Müll. den Systematiker leicht irre leiten. Folgendes sind die Unterschiede der chinesischen und amboinensischen Varietät.

Antedon Ludovici von Hongkong hat eine Centrodorsale „with flattened dorsal surface", Cirren mit 40—50 Gliedern, die volle Zahl der Distichalserien, nur dreigliederige Distichalserien, die längste untere Pinnula (vierte) am sechsten Brachiale (35 mm) und hellbraune Färbung.

Antedon Ludovici von Amboina hat ein convexes Centrodorsale, nie mehr als 40 Cirrusglieder, niemals die volle Zahl der Distichalserien, stets einige zweigliederige Distichalserien, die längste untere Pinnula (dritte) am vierten Brachiale (18 mm) und schwarze Färbung.

Wie weit freilich die Eigenschaften des Carpenterschen Originals die einer besonderen Varietät repräsentiren, bleibt die Frage. Ich halte die chinesische Form, zu der ich auch die Typen von *Ant. bipartipinna* Carp. und *acuticirra* Carp. rechne, für sehr variabel, glaube, aber, dass sie constant durch eine grössere Armzahl von der amboinensischen unterschieden ist. Der Hauptgrund, der mich bewog, die chinesische und amboinensische Form trotzdem für identisch zu halten, ist die Uebereinstimmung in der Form der Cirren, der Arme, Armglieder und der Pinnulae. Charakteristisch sind auch die buckelige Verbindung von je zwei jederseits auf ein Axillare folgenden Gliedern, die Kürze des dritten Brachiale, die unebene Gesammtoberfläche der ersten 7 oder 8 Armglieder und die Kielung der Pinnulae im proximalen Theile der Arme.

Legt man Gewicht auf diese, wie es scheint, beständigen Merkmale und zieht man andererseits die offenbare Neigung des *Ant. Ludovici* zur Variation in Betracht, so bleibt wohl zu erwägen, ob nicht auch die ebenfalls von Hongkong stammende *Antedon bipartipinna* Carp. zur gleichen Art gehört. Das Originalexemplar dieser Art macht auf den ersten Blick ganz den Eindruck eines *Antedon Ludovici* von Amboina. Das Auffallendste an ihm sind die Cirren, die lang sind, in einer Reihe stehen, keine Dornen am vorletzten Gliede und keine Klauen haben. Doch kann man diesen Eigenthümlichkeiten kaum grossen Werth beimessen, da gewisse andere Gesichtspunkte auf eine anomale Entwickelung des Exemplares hinweisen. Dies betrifft zunächst die unregelmässige Lage der ersten Syzygie; in manchen Armen liegt sie im dritten Brachiale, in anderen im zweiten, in wieder anderen folgt der im dritten eine im vierten, und einzeln liegt sie erst im zwölften oder dreizehnten Gliede. Was aber die eigenthümlichen unteren Pinnulae betrifft, die den Eindruck machen sollen als „if they had been broken and regenerated", so sei bemerkt, dass dies in der That einzeln der Fall ist, dass aber das Thier daneben auch die entsprechenden Pinnulae ganz von der Form besitzt, die dem *Ant. Ludovici* eigenthümlich ist. — Beide Arten stimmen ferner überein in dem Besitz von zweigliederigen und dreigliederigen Palmarserien. Carpenters Angabe ist nicht genau, wenn er sagt „second (division) usually the same (three joints) but sometimes of two joints the axillary without a syzygie". Das Exemplar hat vielmehr ebenso viel zweigliederige als dreigliederige Palmarserien, und zwar sind es gewöhnlich die inneren, welche zweigliederig sind. —

Die Form der Arme, die Kielung der Pinnulae, die kräftigen Höcker auf den Theilungsserien und der Verbindung der ersten beiden Armglieder und schliesslich die Farbe sind weitere Eigenschaften, die beiden Arten gemeinsam zukommen und ihre Identität in hohem Grade wahrscheinlich machen.

Für *Ant. acuticirra* Carp. hat bereits Carpenter, wie er mir schreibt, Aehnliches vermuthet, und ich nehme deshalb keinen Anstand, sie als Synonym von *Ant. Ludovici* zu betrachten. Sie ist ebenfalls eine Art mit langen klauenlosen Cirren. In der Farbe gleicht sie dem *Ant. Ludovici* von Hongkong und in vieler anderer Beziehung der Varietät von Amboina. Mit dieser hat sie gemein die Form des Centrodorsale, die Form der Arme und Armglieder, die Gestalt der Theilungsserien, die stark gekielten Pinnulae, die sich bei beiden Formen gleich weit den Arm hinauf verfolgen lassen, ferner das auffallend kurze dritte Brachiale und den Umstand, dass einige Arme direct von einem Radiale axillare entspringen. Auch ist, ganz wie das bei *Ant. Ludovici* gewöhnlich ist, eine Distichalserie zweigliederig.

8) Antedon crassipinna n. sp. (Taf. 1. Fig. 1, 5, 10.)

Centrodorsale gross und dick, in der Mitte zuweilen tief ausgehöhlt. Ungefähr 37 dicke und ziemlich lange Cirren in 3 Reihen. Sie werden 46 mm lang und haben 30—40 gleichförmige Glieder, von denen keines länger als breit ist. Gegen das Ende werden die Cirren comprimirt und ihre äussersten Glieder können kleine Dornen tragen.

Erste Radialia ganz verborgen oder doch nur wenig sichtbar, zweite Radialia seitlich in theilweiser Vereinigung. Axillaria pentagonal. Distichalia dreigliederig oder einige von ihnen zweigliederig. 2—3 postdistichale Axillaria. Palmarserien zweigliederige und dreigliederige, zuweilen in gesetzmässiger Anordnung derart vertheilt, dass die inneren zweigliederig, die äusseren dreigliederig sind: in anderen Fällen die dreigliederigen bedeutend überwiegend. Alle postpalmaren Serien dreigliederig, das Axillare mit Syzygie. Die Axillaria der Theilungsserien sind ziemlich gross. Die auf eine Axillare folgenden beiden Glieder stets in theilweiser Vereinigung seitlich. Die beiden ersten Glieder jeder Theilungsserie bilden auf der Mitte ihrer Vereinigung ein, manchmal allerdings kaum angedeutetes dorsales Knöpfchen; ebenso meist die zwei ersten Brachialia, obwohl nur in geringem Grade. Die

Axillaria der dreigliederigen Theilungsserien bilden mit dem vorhergehenden Gliede manchmal einen kleinen seitlichen Buckel über dem Ansatze der Pinnula. 46—56 Arme von schmalem Rücken, gesägter Rückenlinie und kurzen, gleichförmigen Gliedern. Bereits die basalen Armglieder haben vortretende, distale Ränder, doch lässt diese Eigenschaft gegen das Armende hin immer mehr nach, so dass hier die Oberfläche ziemlich glatt ist. Die fünf oder sechs ersten Glieder, besonders die drei untersten, sind etwas länger wie die übrigen, welche kurz scheibenförmig und im Ganzen sehr gleichförmig sind.

Erste Syzygie im dritten Brachiale, die nächste vom 22. bis 30. und die folgenden gewöhnlich in Zwischenräumen von 12—15 Gliedern.

Die distichale, palmare, postpalmare und erste brachiale Pinnula contrastiren durch bedeutende Dicke, Grösse und Steifigkeit auffallend gegen die übrigen Pinnulae. Sie haben dicke cylindrische Glieder mit besonders verdickten distalen Enden, die mit glattem Rande über die Basis des folgenden Gliedes vorragen. Die distichale und palmare Pinnula annähernd gleich gross, mit ungefähr 20 Gliedern und circa 20 mm Länge. Die inneren palmaren Pinnulae etwas kleiner wie die äusseren. Die postpalmare Pinnula zuweilen etwas kürzer. Die Pinnula des zweiten Brachiale an äusseren Armen etwa 16 mm lang, an inneren beträchtlich kleiner. Die nun folgenden Pinnulae variiren in ihrer Länge ein wenig, sind aber stets viel kleiner und schwächer. Ihre Länge nimmt bis zum 10. Brachiale ab. Die dann kommenden werden wieder grösser, bis sie etwa 10 mm erreichen. Die Pinnula des dritten Brachiale 10 mm, annähernd so lang wie die des fünften. Die Glieder derselben haben zuweilen stumpfe, seitliche Fortsätze an ihren distalen Enden. — Sacculi an den Pinnulae dichtstehend. Scheibe: 32 mm Durchmesser, eingeschnitten. Färbung: purpurviolett oder chocoladebraun. Klafterung: etwa 40 cm. Fundort: Amboina: 3 Exemplare. Cochinchina: 1 Exemplar. (Hamburger Museum.)

Die obige Beschreibung basirt auf drei von Professor Brock gesammelten Exemplaren. Die Species *crassipinna* dürfte wohl die grösste und armreichste unter den bis jetzt bekannten Formen der *Sarigngi*-Gruppe sein. Sie ist leicht kenntlich an ihren plumpen, massiven, unteren Pinnulae und besonders interessant, weil sie eine Eigenschaft besitzt, die bei der Gattung *Antedon* bisher nicht beobachtet wurde, wohl aber von einzelnen *Actinometra-*

Arten bekannt ist. Es ist dies das gleichzeitige Vorkommen von zwei- und dreigliederigen Palmarserien und deren bisweilen ganz gesetzmässiger Vertheilung. Unter den Actinometren ist dies Verhalten durch vier von Carpenter's neuen Arten aus der *Parvicirra*-Gruppe bekannt geworden, und zwar von *Act. duplex, belli, nobilis* und *regalis*, deren innere Palmarserien dreigliederig und äussere Palmarserien zweigliederig sind, also gerade die entgegengesetzte Anordnung zeigen wie unsere *Antedon*-Art. Aber wie bei der letzteren Species von *Actinometra* (vergl. pag. 99) die gesetzmässige Vertheilung nicht ganz constant ist, so finden wir auch Exemplare von *Antedon crassipinna* mit bei Weitem überwiegend dreigliederigen oder zwei- und dreigliederigen Palmarserien in annähernd gleicher Menge ohne gesetzmässige Vertheilung. Welches Verhalten bei unserer Art das häufigste ist, kann erst ein grösseres Material ergeben. Von den vier Stücken, die ich daraufhin prüfte, zeigten gesetzmässige Anordnung nur eines von Amboina und das von Cochinchina im Hamburger Museum.

Die postpalmaren Serien sind derart gestellt, dass auf die inneren Palmarserien eine oder zwei derselben folgen, auf die äusseren dagegen höchstens eine oder überhaupt keine.

Bemerkenswerth ist schliesslich das Vorkommen von zweigliederigen Distichalserien, deren ein Amboina-Exemplar drei aufweist. Derartige Schwankungen in der Zahl der Distichalia scheinen in der *Saviguyi*-Gruppe nicht ungewöhnlich zu sein (vergl. *Act. Ludovici nematodon, angustiradia* Carp.), wenn dieselben auch bei keiner der bis jetzt bekannten Arten einen so hohen Grad erreichen wie bei *Actinometra parvicirra*, für die die grösste Regellosigkeit in dieser Hinsicht geradezu charakteristisch ist.

Das Hamburger Exemplar von Cochinchina ist schön purpurviolett gefärbt. Seine zweiten Radialia sind im Gegensatze zu denen von Amboina ganz frei-seitlich. 45 Arme: einige davon entspringen an der Aussenseite der Radien direct von einem distichalen Axillare. Die distichalen Pinnulae sind relativ sehr lang, etwa 28 mm und, wie auch die folgenden dicken Pinnulae, etwas schlanker als bei den Exemplaren von Amboina.

Die Palmata-Gruppe.

„Arten mit zweigliederigen Distichalstämmen, einer nicht getäfelten Scheibe, und keinem bestimmten Ambulacralskelett. Die Seiten der unteren Brachialia sind nicht oder nur sehr wenig abgeplattet. Die erste Pinnula kleiner als die folgenden." (Carpenter.)

Die Verbreitung dieser, wie es scheint, artenreichsten aller *Antedon*-Gruppen ist eine fast durchaus tropische und mit wenigen Ausnahmen littoral. Ihr Centrum liegt im Indischen Archipel; östlich reicht sie bis zu den Sandwich-Inseln, westlich bis zum Rothen Meere, doch sind die hier (*Antedon palmata* J. Müller) und im Indischen Ocean gefundenen Arten nur sehr wenige.

Die Mehrzahl der von Professor Brock gesammelten Species gehört dieser Gruppe an. Es sind im Ganzen sieben, von denen *Antedon elongata* J. Müll., *brevicuneata* Carp. und *imparipinna* Carp. bereits bekannt waren.

Von *Antedon elongata*, einer seltenen Form, deren Fundort man bisher nicht wusste, wurde leider nur ein Exemplar mitgebracht. Dagegen scheint die sehr verbreitete und gewöhnliche *Antedon imparipinna* (Syn.: *protecta* Ltk. M. S.) wie auch *Antedon brevicuneata* Carp. auf Amboina nicht selten zu sein. Letztere Art ist eine von denen, deren Originalexemplar auf Amboina gefunden wurde.

Eine Anzahl Formen dieser Gruppe heben sich von den übrigen sehr scharf ab durch den dornartigen Charakter gewisser unterer Pinnulae. Den mit dieser Schutzeinrichtung versehenen bekannten Arten konnte ich verschiedene neue hinzufügen, von denen *Antedon oxyacantha* Nob. auf Amboina besonders häufig zu sein scheint. Die schönste Entwickelung des Stachelschutzes zeigt eine neue Species von den Cebu-Inseln, die ich *Antedon crinacea* genannt habe; bei ihr ist die Scheibe von einem förmlichen Walde der spitzesten Stacheln umgeben.

Eine andere, aber nur kleinere Zahl von Arten zeichnet sich durch den Mangel einer Pinnula am dritten Brachiale aus. Zu ihnen füge ich die neue Species *Antedon Clarae* von Amboina.

Bei der Bearbeitung der Berliner Sammlung waren als neu zu beschreiben die von Herrn Dr. O. Finsch in Neu-Britannien gesammelten

5*

beiden Arten *Antedon Finschii* und *tenuipinna*. Erstere gehört zu den schönsten und stattlichsten ihrer Gattung. Sie hat lange dornige Cirren und ist bemerkenswerth wegen der starken, seitlich abgeplatteten Leisten an den Seiten ihrer Radien. Während eines kurzen Aufenthaltes in Berlin wurden ferner die sämmtlichen Originalexemplare von *Antedon palmata* J. Müll. einer genauen Untersuchung unterzogen und eine neue Beschreibung der Art für nothwendig erachtet, weil die ursprüngliche in manchen Punkten unzutreffend ist. Von *Antedon flagellata* J. Müll., deren Fundort, ähnlich dem von *Antedon elongata* J. Müll., bisher unbekannt war, wurde Singapore als ein solcher festgestellt.

Als Resultat meines Aufenthaltes in Hamburg führe ich die Beschreibungen von *Antedon tenera* Ltk. M. S. und der schon erwähnten *Antedon erinacea* Nob. an. Die dornähnlichen unteren Pinnulae dieser Species unterscheiden sich auffallend von denen anderer Arten dadurch, dass ihre Glieder kurz und zahlreich sind.

Dem Bremer Museum verdanke ich die neue Art *Antedon monacantha* von den Mortlock-Inseln und dem Stuttgarter Naturaliencabinet *Antedon Klunzingeri* aus dem Rothen Meere.

Die *Palmata*-Gruppe wurde, eine Lütken'sche M. S. Art eingerechnet, um 10 neue Formen bereichert und umfasst jetzt im Ganzen 30 Arten. Ein Ueberblick über sie und ihre gegenseitigen Beziehungen möge die folgende Tabelle geben, die ich im Wesentlichen dem Carpenter'schen Werke entlehne.

A. Keine Pinnula am dritten Brachiale.

I. Zwei postradiale Axillaria: die inneren Arme eines jeden Radius gewöhnlich ohne eine Pinnula am zweiten Brachiale.

manca Carp.

II. Ein postradiales Axillare: das zweite Brachiale hat stets eine Pinnula.

a. 15—20 Arme. Pinnula des vierten Brachiale bedeutend länger wie die des zweiten. Einige Cirrusglieder länger wie breit.

disciformis Carp.

b. Weniger wie 15 Arme: Pinnula des vierten Brachiale annähernd so lang wie die des zweiten. Kein Cirrusglied länger wie breit.

9) *Clarae* n. sp.　　(pag. 41)

B. Das dritte Brachiale hat eine Pinnula.

I. Ein postradiales Axillare. Die Radien seitlich ganz frei.

a. 30 Cirrusglieder; Brachialia sehr kurz; Seiten der Radien glatt.

clemens Carp.

b. 20 Cirrusglieder; Brachialia nicht besonders kurz; unregelmässige Hervorragungen an den Seiten der Radien.

marginata Carp.

II. Zwei oder mehr postradiale Axillaria.

a. Die Pinnula des vierten Brachiale länger wie die des sechsten.

1) Die Radien seitlich frei.

a'. Die Pinnula des vierten Brachiale hat 25 oder mehr Glieder, die nicht besonders verlängert sind.

α. Pinnula des vierten Brachiale nicht griffelförmig.

i. Nicht über 20 Arme. Zweite Radialia vollkommen frei; die Radien weichen stark auseinander.

Die Glieder der unteren Pinnulae haben gezähnte und hervorragende distale Ränder. Erhabenheiten am Aussenrande der Radien.

10) *bella* n. sp. (pag. 13)

Die Glieder der unteren Pinnulae glatt. Aussenrand der Radien glatt.

11) *Klunzingeri* n. sp. (pag. 16)

ii. Ueber 20 Arme; zweite Radialia in der Regel mehr oder minder vereinigt.

α'. Aeussere Cirrusglieder dornig.

60–80 Cirrusglieder; Aussenseite der Radien häufig abgeplattet.

12) *Finschii* n. sp. (pag. 47)

Nicht mehr wie 30 Cirrusglieder.

13) *palmata* J. Müll. (pag. 49)

β'. Cirrusglieder glatt; gegen 40 Arme.

laevicirra Carp.

ϑ. Die Pinnula des vierten Brachiale ganz oder annähernd
griffelförmig.

   i. Die ersten vier Paar Pinnulae gestreckt und ausgesprochen dornförmig.

                    14) *erinacea* n. sp. (pag. 52)

   ii. Die Pinnula des vierten Brachiale an den äusseren
   Armen eines jeden Distichums durch besondere
   Grösse ausgezeichnet, dabei steif und annähernd
   griffelförmig.

                 imparipinna Carp. (pag. 63)

b'. Die Pinnula des vierten Brachiale hat 12—18 (selten weniger)
stark verlängerte Glieder und ist steif und griffelförmig.

   a. Erste Pinnula wie die des vierten Brachiale.

                15) *tenuipinna* n. sp. (pag. 54)

β. Erste Pinnula aus kürzeren und zahlreicheren Gliedern
zusammengesetzt wie die des vierten Brachiale; dabei
geisselförmig.

   i. Die Radien haben marginale Erhabenheiten.

     a'. Die Pinnula des sechsten Brachiale von dem
     Charakter derjenigen des vierten und nur
     wenig oder gar nicht kürzer.

       a". Pinnula des vierten Brachiale mit 16—20
       Gliedern; äussere Pinnulae lang und
       fadenförmig.

            spicata Carp.

       β". Pinnula des vierten Brachiale mit weniger
       als 16, meist etwa 12, sehr langen Gliedern.

        Zweite Radiale auffallend kurz; Pinnula
        des achten Brachiale nicht steif und
        griffelförmig.

            tuberculata Carp.

Zweite Radiale nicht auffallend kurz.
Pinnula des 8. Brachiale, an äusseren
Armen selbst die des 10., steif und
griffelförmig.

   16) *oxyacantha* n. sp.   (pag. 55)

β. Die Pinnula des sechsten Brachiale viel
kürzer als diejenige des vierten, und nicht
steif und griffelförmig.

   17) *monacantha* n. sp.   (pag. 59)

ii. Die Radien haben keine marginale Erhabenheiten.

30 Arme; die Pinnula des vierten Brachiale
hat mehr als 12 Glieder.

indica Smith.

12 Arme; die Pinnula des vierten Brachiale
hat 8—10 lange Glieder.

   18) *spinipinna* n. sp.   (pag. 61)

2) Die Radien in Berührung.

  a'. Die unteren Pinnulae grösser an den äusseren Armen eines
jeden Distichiums als an den inneren.

    α. Pinnula des vierten Brachiale kräftig, die des sechsten
ganz klein.

       19) *imparipinna* Carp.   (pag. 63)

    β. Untere Pinnulae sehr dünn mit Neigung zur Kielung.

       20) *leucea* (Ltk. M. S.) n. sp. (pag. 66)

  b'. Die unteren Pinnulae annähernd gleich gross an allen Armen.

    α. Dornige Cirren.

      i. Pinnula des vierten Brachiale nicht viel grösser
als die des sechsten. Keine Postpalmaria. Das
fünfte Brachiale hat die erste Syzygie in Armen,
die von einem distichalen Axillare entspringen.

        reginae Bell.

      ii. Pinnula des vierten Brachiale bedeutend länger
als die des sechsten Postpalmaria. Erste Syzygie
immer im dritten Brachiale.

α. Ueber 30 Cirrusglieder. Die erste Pinnula
nicht viel kürzer als die des vierten Brachiale.
Die unteren Brachialia haben abgeflachte
Seiten.

gyges Bell.

β. Nicht über 25 Cirrusglieder. Die erste
Pinnula bedeutend kleiner als die des vierten
Brachiale.

palmata J. Müll.   (pag. 49)

z. Cirren gekielt, aber nicht dornig.

i. Untere Brachialia oft mit abgeflachten Seiten.
Keine Postpalmaria.
Pinnula des achten Brachiale entschieden kleiner
als die des sechsten.

21) *brevicuneata* Carp.   (pag. 68)

Pinnula des achten Brachiale fast ebenso gross
als die des sechsten.

similis Carp.

ii. Untere Brachialia nie mit abgeflachten Seiten.

α. Axillaria fast verborgen; Postpalmaria.

occulta Carp.

β. Zweite Radiale vollkommen sichtbar. Postpalmaria können fehlen.

20) *tenerea* (Ltk. M. S.) n. sp. (pag. 66)

b. Pinnula des vierten und sechsten Brachiale ungefähr gleich lang.

1) 35—40 Cirrusglieder, die äusseren deutlich dornig.

articulata J. Müll.

2) 25—38 Cirrusglieder, die äusseren mit zugespitzten Kielen.
Untere Brachalia abgeplattet.

regalis Carp.

c. Pinnula des sechsten Brachiale länger als die des vierten.

  1) Dornige Cirren.

    a'. Die Radien weichen beträchtlich auseinander. Keine Postpalmaria. Zweite Syzygie um das 11. Brachiale.

                    22) *elongata* J. Müll. (pag. 71)

    b'. Die Radien in enger Berührung und seitlich etwas abgeplattet. Postpalmaria. Zweite Syzygie um das 20. Brachiale herum.

                    23) *flagellata* J. Müll. (pag. 73)

  2) Cirren nicht dornig. Zweite Syzygie um das 20. Brachiale.

                bimaculata Carp.

9) **Antedon Clarae n. sp.** (Taf. 2. Fig. 19.)

Centrodorsale eine mässig grosse und dicke Scheibe mit kreisrunder, leicht eingesenkter Oberfläche. Es trägt eine einzige Reihe von 21 durchaus randständigen Cirren, die etwa 17 mm lang sind und ungefähr 25 kurze, ziemlich gleichförmige Glieder haben. Die proximale Hälfte der Cirren hat eine ziemlich breite Rückenfläche, in der distalen aber werden sie mehr comprimirt. Die Glieder besitzen vom zweiten oder dritten an eine dorsale Querleiste, welche Anfangs mit dem distalen Rande des Gliedes fast zusammenfällt, in den späteren Gliedern aber mehr nach der Mitte zurücktritt. In der distalen, mehr comprimirten Cirrushälfte geht die Querleiste schliesslich in einfache, kleine Dornen über. Das vorletzte Glied trägt einen kräftigen Dorn.

Die ersten Radiala sind ein wenig sichtbar; die zweiten seitlich ganz frei; die Axillaria ziemlich kurz, pentagonal. Zwei Radien mit einer distichalen Serie, die anderen theilen sich nur einmal. Eine der distichalen Serien ist zweigliederig, das Axillare ohne Syzygie, die anderen dreigliederig, das Axillare mit Syzygie. Keine Palmaria. Die freien Aussenkanten der Radien glatt, ohne Hervorragungen. Die Verbindungen der Axillaria mit dem ihnen vorangehenden Gliede etwas buckelig.

12 Arme mit glatter Oberfläche und kurzen Gliedern. Das erste Glied fast rhombisch, nur theilweise mit dem Nachbargliede vereinigt; das zweite ein Bisschen kürzer; das dritte (Syzygie) ein wenig breiter wie lang; dann

fünf oder sechs scheibenförmige und darauf eine Reihe keilförmiger Glieder, die nach dem Armende hin abgestumpfter und schliesslich mehr quadratisch werden.

Erste Syzygie im dritten Brachiale, die nächste vom 8. bis zum 13. Gliede und die anderen in Zwischenräumen von vier bis acht Gliedern.

Das dritte Brachiale trägt keine Pinnula; die Pinnula des zweiten Brachiale nahezu so lang, wie die des vierten und fünften Gliedes, welche ziemlich schlank sind, 7 mm messen und aus 15—20 cylindrischen Gliedern bestehen, die, mit Ausnahme der basalen, so lang wie dick sind. Die darauf zunächst folgenden Pinnulae sind bedeutend kürzer, vom zehnten Gliede an aber nimmt die Länge wieder zu und erreicht 12 mm. — Sacculi: dicht-stehend. Scheibe: nur schwach eingeschnitten; sie erstreckt sich bis unter die dritten Brachialia. 12 mm Durchmesser. Klafterung: ungefähr 20 cm. Färbung: Scheibe schön rothbraun, mit kleinen und grossen weissen Flecken. Skelett: Cirren und centrale Region hell gelblich-braun, an den Armen dunkelroth-braune Particeen mit hellgelblich-braunen alternirend. Fundort: Amboina. Ein Exemplar.

Die wesentlichste Eigenthümlichkeit unserer neuen Art ist der Mangel einer Pinnula am dritten Brachiale. Es sind nur vier Arten, welche ihr in dieser Beziehung gleichen, nämlich *Ant. perspinosa* Carp., *Ant. informis* Carp. von der *Milberti*-Gruppe, und *Ant. nana* Carp. und *disciformis* Carp. von der *Palmata*-Gruppe. Von diesen scheint die letztere Art unserer neuen am nächsten zu stehen: aber sie hat längere Cirren, die in einer unregelmässigen Reihe stehen und deren Glieder theilweise länger wie breit sind. Sodann sind bei ihr die Pinnulae des vierten und fünften Brachiale viel länger, als die erste Pinnula (zweite Brachiale), während die erste und zweite Pinnula unserer neuen Art fast gleich lang sind. Auch hat *Antedon disciformis* mehr Arme. Die geringe Anzahl der Arme unserer Art macht es wahrscheinlich, dass sie auch als zehnarmige Form vorkommt, und in diesem Falle würde sie mit unter den Arten der *Milberti*-Gruppe aufgeführt werden müssen. Sollten aber, was wegen der einen dreiarmigen Distichalserie unseres Exemplars auch nicht unmöglich ist, solche mit ausschliesslich oder vorwiegend dreigliederigen Distichalserien gefunden werden, so würde es nothwendig sein, die Art auch in die *Savignyi*-Gruppe einzureihen.

10) **Antedon bella n. sp.** (Taf. 2. Fig. 23, 26.)

Centrodorsale von mässiger Grösse, bedeckt mit etwa 15—20 ziemlich dicken, sich nur wenig verjüngenden Cirren, die nur eine kleine, stark eingesenkte, centrale Fläche frei lassen. 35—40 gleichförmige Glieder, die sämmtlich breiter, wie lang sind. In der proximalen Cirrushälfte überragen ihre dorsalen Ränder die Basis des folgenden Gliedes; in der äusseren Hälfte tragen sie zwei kleine dorsale Dornen. Das vorletzte Glied hat einen starken Dorn. Die Länge der Cirren erreicht 20 mm.

Erste Radialia sichtbar und dann zuweilen ganz frei seitlich oder theilweise verborgen; zweite seitlich vollkommen frei; Axillaria pentagonal, wenig oder gar nicht länger, wie das zweite. Die Radien weichen stark auseinander. Distichale und palmare Stämme zweigliederig, das Axillare ohne Syzygie; keine Postpalmaria. Auch die Palmaria können ganz fehlen und entspringen, wenn vorhanden, nur von der Aussenseite der distichalen Axillaria. Ziemlich starke Verdickungen am freien Aussenrande der Radien, der dadurch ein sehr gezacktes Aussehen hat; es betheiligen sich daran die Glieder vom ersten Radiale bis ersten Brachiale. Die Verbindungen der Axillaria mit ihren Vorgängern manchmal etwas buckelig.

Nicht mehr als 20 Arme; dieselben sind lang und schlank, von ziemlich glatter Oberfläche und kurzen Gliedern; einige Arme können erster Ordnung sein, d. h. direct von einem Radiale axillare entspringen. Das erste Brachiale ist nahezu rhombisch, fast vollständig vereinigt mit dem Nachbargliede; das zweite von gleicher Grösse, nahezu rechteckig, das dritte quadratisch oder ein Bisschen breiter, wie lang; dann einige scheibenförmige Glieder. Ihnen folgt zunächst eine kurze Reihe dreieckiger und dann stumpfer, keilförmiger, die schliesslich mehr quadratisch werden; sie haben fein gezähnte, distale Ränder, die etwas vorstehen und ein Bisschen übergreifen.

Erste Syzygie im dritten Brachiale; zweite vom 23. bis 50. Gliede und die folgenden in Zwischenräumen von 9—14, gewöhnlich 9—10. In Armen erster Ordnung kann die zweite Syzygie schon im achten Brachiale liegen, die folgenden in Zwischenräumen von zunächst zwei bis drei, später fünf Gliedern.

Die Pinnula des zweiten Brachiale ist meist nur halb so lang, als die des vierten und hat verhältnissmässig glatte Glieder. Diese ist bedeutend dicker und steifer und wird 8—10 mm lang. Sie besteht aus 12—22 Gliedern, von denen einige wenige ein Bischen länger wie breit sein mögen. Dieselben haben stark vorstehende, gezähnte, distale Ränder, die an den äussersten Gliedern sogar mit kleinen Dornen besetzt sind. Die folgende Pinnula ist bedeutend kleiner und selbst kürzer, wie die erste; sie hat glatte Glieder und gleicht durchaus der auf sie folgenden Sexualpinnula. Diese nehmen langsam an Länge zu und erreichen 9—10 mm. Die beiden ersten Pinnulae an der Innenseite des Armes (dritte und fünfte Brachiale) sind bedeutend kürzer, als die entsprechenden der Aussenseite. — Sacculi: an den Pinnulae dichtstehend, aber ziemlich verborgen in Folge einer dichten, graublau gefärbten Schicht, die das Perisom und Skelett überkleidet und selbst die kleinen Randläppchen der Pinnulae überzieht, wodurch letztere ungewöhnlich in die Augen fallen. Scheibe: 11 mm Durchmesser, tief eingeschnitten. Klafterung: 23 cm. Färbung: Skelett: hellgrau-blau mit kleinen röthlich-braunen Punkten. Diese stehen auf den Stämmen und ersten acht oder neun Armgliedern dicht und ohne bestimmte Vertheilung, haben aber in der äusseren Armpartie eine regelmässigere Lage. Hier hat nämlich jedes Glied nur einen Fleck auf seiner kürzeren Seite und ganz nahe seinem proximalen Rande. Die äusseren Pinnulae haben zum Theil die allgemeine graublaue Färbung, zum Theil aber sind sie einfarbig rothbraun, und zwar wechseln stets Gruppen von der einen Färbung mit der der anderen. — Die Cirren sind eintönig roth oder gelblichbraun. Fundort: Noordwachter Eiland. 15—20 Faden. Vier Exemplare.

Antedon bella n. sp. var. brunnea.

Ich betrachte als Varietät dieser neuen Species ein Exemplar, das sich durch seine ganz andere Färbung und einige sonstige Verschiedenheiten von dem Typus wesentlich unterscheidet.

Das Skelett ist dunkelbraun, die Cirren nur sind hellbraun. Die Pinnulae haben zwei oder drei schmale, hellgraue Binden. Die Scheibe ist dunkelbraun mit sehr kleinen weissen Flecken.

19 Arme: kein Radius hat mehr wie vier. Die Arme sind länger und dicker, als bei der typischen Form, so dass die Klafterung 27 cm be-

trägt. Das dritte Brachiale ist vollkommen quadratisch. Die äusseren Syzygieen in Armen erster Ordnung stehen in Zwischenräumen von 7— 8 Gliedern.
Die unteren Pinnulae sind beträchtlich länger und die des vierten Brachiale
erreicht 14 mm, obwohl ihre Gliederzahl 22 nicht überschreitet. Die Randläppchen der Pinnulae, die durch ihre blaugraue Färbung bei der typischen
Form so sehr hervortreten, sind bei der braunen Varietät weniger in die Augen
fallend.

Antedon bella ist eine unzweifelhaft neue Species und dürfte wohl die
interessanteste der von Professor Brock gesammelten neuen Arten sein. Was
sie besonders auszeichnet, ist die ungewöhnliche Färbung, sowie der Umstand,
dass auch die kleinen Randläppchen der Pinnulae von einer grauen Pigment-
schicht überzogen sind. Herr Dr. Carpenter, dem ich ein Exemplar unserer
Art schickte, schrieb mir über das eigenthümliche Aussehen dieser die
Ambulacralfurche seitlich begrenzenden Läppchen: „It seems to be due to a
white filmy substance, which covers the whole perisome in parts, even the
skeleton on the dorsal side and as it extends into the lappets of the ambula-
cral groove it produces the appearence of imperfect side plates." *Antedon
bella* steht nach Carpenter's Ansicht seiner *Antedon marginata* am nächsten,
einer Art, die mit *Antedon clemens* Carp. sich durch den Mangel von palmaren
Stämmen auszeichnet. In der That können auch bei *Antedon bella* diese vollkommen fehlen, wie eines meiner Exemplare zeigt, das 20 Arme, also
sämmtliche distichalen Stämme, entwickelt hat. Vergleichen wir aber damit
die anderen, so sehen wir, dass gerade die grösste Unregelmässigkeit und
Unbeständigkeit der Radientheilung unserer Art eigenthümlich sind. So hat
z. B. eines unserer Exemplare zwei Radien, die sich nur einmal theilen, einen
Radius mit vier Armen zweiter Ordnung, einen Radius mit einem Arm
erster, einem zweiter und zwei dritter Ordnung, und schliesslich den fünften
Radius sechsarmig: im Ganzen also 18 Arme. In der Regel aber haben die
Radien nicht mehr, als vier Arme. Sie weichen stark auseinander und haben
am centralen Rande ihrer äusseren Stämme, ähnlich der *Antedon marginata*,
unregelmässige Hervorragungen. Die Cirren sind durch ihre grosse Zahl
kurzer Glieder bemerkenswerth und die unteren Pinnulae dadurch, dass das
zweite Paar beträchtlich länger ist, als das erste und dritte und die distalen
Ränder seiner Glieder vorspringen und fein gezähnt sind.

11) **Antedon Klunzingeri** n. sp. (Taf. 2. Fig. 22, 25.)

Centrodorsale annähernd halbkugelig; ganz bedeckt mit Cirrusdillen.
Cirren — es sind nur drei erhalten — 11 mm lang. von glatter Oberfläche
mit etwa 20 Gliedern, die vom 5. bis ungefähr 12. länger wie breit sind.
Zahl der Cirren, den vorhandenen Spuren nach zu urtheilen, etwa 30.

Erste Radialia etwas sichtbar: zweite vollkommen frei seitlich: Axillaria
pentagonal, nicht doppelt so lang wie die zweiten Radialia, mit ziemlich
spitzem Winkel und leicht eingebogenen distalen Gelenkseiten. Theilungsart
der Radien unregelmässig. Keiner theilt sich mehr als dreimal, und die
Armzahl eines Radius übersteigt nicht vier. (Von einem der Radien entspringen zwei Arme. von einem anderen drei.) Die Verbindung der Axillaria
mit den vorautgehenden Gliedern vollkommen glatt: ebenso die äusseren
Kanten der Stämme. Die von einem Axillare entspringenden beiden Glieder
sind nur theilweise vereinigt.

17 Arme von glatter Oberfläche und ziemlich kurzen Gliedern. Das
erste Glied etwas kürzer als das zweite: dieses ein wenig länger aussen wie
innen: das dritte (Syzygie) grösser und fast quadratisch. Vom neunten Gliede
an einige fast dreieckige Glieder. die sehr bald in kurze, mehr cylindrische
übergehen. Letztere werden gegen das Armende hin mehr quadratisch und
schliesslich länger wie breit.

Erste Syzygie im 3. Brachiale: zweite im 14. und die folgenden meist
in Zwischenräumen von 7--10 Gliedern. -- Arme erster Ordnung haben die
erste Syzygie im 8. Brachiale, die folgenden in Zwischenräumen von anfänglich 3 Gliedern, später aber 6 --8.

Erste Pinnula etwa 8 mm lang, etwas dünner und kürzer als die
folgende. Diese (vierte Brachiale) misst etwa 10 mm und besteht aus 15—20
der Mehrzahl nach länglichen, glatten Gliedern. Die folgende Pinnula (sechste
Brachiale) hat die Grösse der ersten; dann kommt die kürzeste. nach welcher
die Länge wieder zunimmt und etwa 13 mm erreicht. Die grösste Länge
der äusseren Pinnulae übertrifft also die des zweiten Paares. In Armen
zweiter und dritter Ordnung sind die Maasse der unteren Pinnulae etwas
geringer als die angegebenen. welche von Armen erster Ordnung genommen
sind: auch ist an ihnen der Grössenunterschied zwischen erster und zweiter

Pinnula unbedeutender. Die unteren Pinnulae der äusseren Armseite, besonders die des vierten Brachiale, sind länger als die entsprechenden Pinnulae der inneren Seite. Die verhältnissmässig geringe Stärke der unteren Pinnulae ist charakteristisch. — Sacculi an den Pinnulae dicht stehend. Scheibe fehlt. Klafterung: 20 cm. Färbung: schmutzig weiss mit etwa 7 mm breiten Binden von Hellbraun auf den Armen. Fundort: Koseir. Ein Exemplar. Stuttgart, durch Klunzinger.

Diese, wie mir scheint, zweifellos neue Art hat eine gewisse Aehnlichkeit mit *Antedon Savignyi* Müll. in der Form ihres Centrodorsale, dem freien Auseinanderweichen der Radien und der unregelmässigen Theilungsweise derselben. In letzterer Hinsicht erinnert sie auch an *Antedon bella* Nob. Ausser den soeben erwähnten Eigenschaften ist bemerkenswerth das vollständige Fehlen von buckeligen Erhabenheiten an den Verbindungen der Stammglieder, ferner die durchaus glatte Oberfläche der Arme und die relativ geringe Grösse der unteren Pinnulae. Die äusseren Pinnulae dagegen sind lang und geben dem Arm ein federartiges Ansehen. Die Cirren sind leider nur in drei Exemplaren erhalten, von denen keines vollkommen entwickelt zu sein scheint.

12) **Antedon Finschii n. sp.** (Taf. 3. Fig. 32.)

Centrodorsale halbkugelig, mehr oder minder ganz bedeckt mit langen, schlanken Cirren, die die Länge von 6 cm erreichen können und aus 60—80 Gliedern bestehen. Im proximalen Theile des Cirrus sind die Glieder, abgesehen von einigen wenigen basalen, gewöhnlich ein Bisschen länger wie dick, der Rest aber wird allmählich ein wenig kürzer. In einer Entfernung vom Ursprung des Cirrus, die etwas variirt, beginnen die distalen, dorsalen Ränder der Glieder vorzuspringen und weiterhin entwickeln sie einen scharfen Dorn, der seine distale Lage am Gliede bis fast zum Ende des Cirrus beibehält; hier aber tritt er mehr nach der Mitte des Gliedes zurück.

Erste Radialia bald mehr, bald weniger, manchmal aber vollständig sichtbar. Sie haben eine ziemlich verticale Stellung. Die zweiten Radialia unvollständig seitlich vereinigt; so lang wie die freien Seiten des ziemlich langen und pentagonalen Axillare. Die Radien theilen sich in der Regel dreimal; einzelne postpalmare Stämme aber pflegen vorhanden zu sein. Sämmtliche Theilungsserien zweigliederig, das Axillare ohne Syzygie. Etwa vorhandene Postpalmaria entspringen stets von der Innenseite der inneren palmaren Axillaria. Die Verbindungen der Axillaria mit dem vorhergehenden Gliede sind buckelig. Die Radien haben oft an ihren äusseren Seiten eine vom zweiten Radiale bis zum palmaren Axillare reichende, mehr oder weniger kräftige Leiste mit scharfen Kanten und abgeplatteter äusserer Seite; oder die Verdickungen des ventralen Randes der Glieder, aus deren Vereinigung sich die Leiste zusammensetzt, bleiben mehr von einander getrennt, und ohne Abplattung. Auch können diese Hervorragungen ganz fehlen und die äusseren Kanten der Radien ganz glatt sein. Bei Vorhandensein von starken Leisten pflegen sich die Radien gegenseitig fast zu berühren, sonst aber weichen sie beträchtlich auseinander.

40 oder einige mehr glatte, lange, ziemlich dünne Arme von sehr abgerundeter Oberfläche. Ihre untersten Glieder können abgeplattete Seiten haben. Das erste Glied ganz oder nur theilweise mit dem Nachbargliede vereinigt; etwas kürzer wie das zweite, welches annähernd quadratisch ist. Das dritte Glied deutlich länger wie breit. Dann 6—9 mehr oder weniger scheibenförmige Glieder mit einer alternirend seitlich hervorragenden kleinen Spitze an ihrem proximalen Rande; auch ihr distaler Rand zeigt manchmal eine solche kleine, spitze Hervorragung. Dann kommt eine ansehnliche Reihe ziemlich kurzer, dreieckiger Glieder, die noch vor der Armmitte in stumpf keilförmige übergehen. Gegen das Ende des Armes hin werden die Glieder mehr quadratisch. Die dreieckigen und stumpf keilförmigen Glieder haben an ihrem distalen Rande eine alternirend seitlich gelegene, spitze Hervorragung.

Erste Syzygie im 3. Brachiale; die nächste vom 38. zum 45. Gliede und die folgenden in Zwischenräumen von 3—20, oft 4—9 Gliedern.

Untere Pinnulae an allen Armen gleich lang und ebenso lang an der äusseren wie an der inneren Seite des einzelnen Armes. Sie sind schlank und verjüngen sich allmählich. Das erste Paar ist meistens ungefähr so lang wie das folgende. Dieses aber ist stets etwas dicker, misst etwa 11 mm und besteht aus circa 20 ziemlich gleichförmigen Gliedern, von denen die meisten in der Regel etwas länger wie breit sind. Die nächsten drei oder vier Paare nehmen an Länge und Gliederzahl ab; die kleinste Pinnula ist etwa 5 mm lang. Die darauf folgenden nehmen langsam wieder an Grösse zu und erreichen schliesslich 10 mm. — Sacculi an den Pinnulae dicht stehend.

Scheibe: ungefähr 16 mm Durchmesser, stark eingeschnitten. Klafterung: 28 cm. Färbung: eintönig graubraun, zuweilen mit einem Stich ins Grüne. Cirren heller. Scheibe: dunkel schwarzgrau. Fundort: Neu-Britannien. Vier Exemplare. Zoologische Sammlung Berlin: Museum in Göttingen. Durch Dr. O. Finsch.

Diese schöne, neue Art ist leicht von allen übrigen Mitgliedern der Gruppe zu unterscheiden. Einmal haben die Cirren, welche aus 60—80 Gliedern bestehen und 6 cm messen können, eine für die *Palmata*-Gruppe durchaus ungewöhnliche Länge, und zweitens sind ganz eigenthümlich die starken, abgeplatteten Leisten an den äusseren Seiten der Radien. Die Entwickelung dieser Leisten ist allerdings sehr variabel, und es kommen Radien vor, an denen sie gänzlich fehlt. Die Art nähert sich der genannten Eigenschaften wegen entschieden sehr der *Spinifera*-Gruppe, kann aber nicht zu derselben gezählt werden, weil ihre Pinnulae durchaus kein Ambulacralskelett besitzen.

13) **Antedon palmata J. Müll.** (Taf. 3. Fig. 27.)

J. Müller, Abhandlungen der Akad. d. Wiss. Berlin 1849. Jg. 1847. pag. 261.

Syn.: *Antedon lepida* Hartl. Vorl. Mitthlg. 1890 l. c.

Centrodorsale eine ziemlich dicke Scheibe mit flacher oder manchmal flach ausgehöhlter Oberfläche und 20—30 randständigen Cirren in einer oder mehreren unregelmässigen Reihen. Die Cirren sind etwa 16 mm lang und haben 20—25 Glieder, von denen die der äusseren Hälfte stumpfe Dornen tragen. Die Mehrzahl der Glieder ist länger wie breit. Der äussere Theil der Cirren ist ein wenig comprimirt.

Erste Radialia in den Winkeln der Radien sichtbar; zweite kurz und breit, seitlich oft nur wenig mit einander vereinigt; Axillaria kurz, breit pentagonal oder fast dreieckig. Die Radien theilen sich dreimal: die distichalen und palmaren Serien sind zweigliederig, das Axillare ohne Syzygie. Die Palmaria entspringen in der Regel nur von der Aussenseite der distichalen Axillaria. Leichte buckelige Erhebungen auf der Vereinigung der Axillaria und der ihnen voraufgehenden Glieder. Keine oder nur sehr geringe Erhabenheiten an den Seiten der äusseren Stämme.

Nicht mehr wie 31 Arme. Dieselben haben eine glatte Oberfläche und sind sehr schlank. Das zweite Glied ein Bisschen länger wie das erste, das dritte Glied annähernd quadratisch, aber ein Bisschen breiter wie lang; dann einige kurze scheibenförmige Glieder und darauf ebenfalls ziemlich kurze, fast dreieckige Glieder, deren 12 bis 14, aber auch mehr vorhanden sein können. Die dann folgenden Glieder sind stumpfer keilförmig und werden schliesslich mehr quadratisch.

Erste Syzygie im dritten Brachiale; die nächste vom achten bis fünfzehnten Gliede. meist im zwölften oder dreizehnten. Die folgenden in Zwischenräumen von 1—3 Gliedern; manchmal auch in Gruppen von je 2.

Das erste Pinnulapaar ist sehr zart und klein und verdünnt sich rasch nach den drei oder vier ersten basalen Gliedern, die verbreitert sind. Das folgende Paar ist bedeutend länger und misst etwa 9 mm. Seine Pinnulae sind ziemlich dünn und bestehen aus etwa 20—25 Gliedern, die ein Bisschen länger wie breit sein können. Das dann kommende Paar des sechsten und siebenten Brachiale ist in der Regel ebenfalls beträchtlich länger wie das erste Paar, obwohl nur dreiviertel so lang wie die Pinnulae des vierten und fünften Brachiale. Die nun folgenden drei Pinnulapaare sind beträchtlich kleiner: dann nimmt die Länge wieder zu und erreicht etwa 9 mm. Die basalen Glieder, besonders das dritte und vierte der vier untersten Pinnulapaare, sind ziemlich breit und oft ein Bisschen gekielt. — Sacculi an den Pinnulae dichtstehend. Zarte Kalkbälkchen in den Randläppchen und Tentakeln der Pinnulae. Scheibe: 15 mm Durchmesser; stark eingeschnitten. Klafterung: 22 cm. Färbung: eintönig dunkel schwarzbraun. Fundort: Rothes Meer. — 5 Exemplare im Berliner Museum, durch Hemprich und Ehrenberg; davon eines jetzt in Göttingen.

Nach genauer im Berliner Museum angestellter Untersuchung der dort befindlichen Originalexemplare dieser Species habe ich mich überzeugt, dass die Müller'sche Diagnose derselben in einigen Punkten ungenau ist und daher leicht zu Irrthümern Veranlassung geben kann. Zunächst wurde darin die Armzahl als „35—40" angegeben, während ich in der That nur einmal 31 Arme, bei den meisten dagegen weniger wie 30 Arme constatirte. Ferner sagt der Autor auffallender Weise von den Armgliedern, sie seien „cylindrisch, nicht keilförmig". Dies ist entschieden unrichtig. Manche Glieder der proximalen Armhälfte können sogar ausgesprochen dreieckig sein.

Ich rechne zu *Antedon palmata* noch einige andere Formen aus dem Rothen Meere, die sich von den oben beschriebenen typischen in gewissen Dingen unterscheiden. So z. B. befinden sich im Berliner Museum zwei Exemplare, die Carpenter bei seinem Besuche mit der Bezeichnung *Antedon spec.* versehen hat, also wohl nicht mit unserer Art identificirte. Sie sind durch sehr feine Radien und auffallend lange untere Pinnulae ausgezeichnet, tragen aber im Uebrigen so sehr den Charakter von *Antedon palmata*, dass ich sie nicht von dieser Art trennen möchte. Die gleiche Sammlung besitzt ein anderes Exemplar aus dem Rothen Meere (Glas Nr. 2019), welches in seinem Habitus übereinstimmt mit einem, das dem Leydener Museum gehört und von Djeddah stammt. Beide unterscheiden sich von den oben beschriebenen Exemplaren durch viel gröbere Structur und haben besonders ein viel dickeres Centrodorsale. Das Leydener Exemplar ist ausserdem bemerkenswerth wegen der bedeutenden Länge seines zweiten Pinnulapaares; es erinnert also darin an die beiden eben erwähnten, die ihrerseits durch einen viel feineren Habitus den typischen Exemplaren näher stehen. Die Länge der unteren Pinnulae, sowie der Grad, bis zu welchem die Radien auseinanderweichen, scheinen der Variation unterworfen zu sein; ebenso der allgemeine Habitus, der bald kräftig, bald ein sehr schlanker ist, wie bei den Exemplaren, die der Beschreibung von Joh. Müller zu Grunde lagen.

Sodann zähle ich einstweilen zu *Antedon palmata* ein von Jagor gesammeltes Exemplar von Singapore im Berliner Museum. Es unterscheidet sich wesentlich nur durch eine allerdings ganz andere Form des Centrodorsale. Dasselbe ist ziemlich dünn und ganz flach, von ziemlich grosser kreisrunder Oberfläche und durchaus auf den Rand beschränkten Cirren. Bei den aus dem Rothen Meere stammenden Stücken ist das Centrodorsale dicker und von kleinerer cirrusfreier Oberfläche.

Zwei als „*Antedon leucomelas* Rüpp." bezeichnete Exemplare, welche mir vom Senckenbergischen Museum in Frankfurt a. M. gütigst zur Ansicht geschickt wurden, sind von hellbrauner Färbung, so dass der ihnen von Rüppel gegebene Speciesname kaum verständlich erscheint. Das eine davon

7*

diente der Fig. 27 auf Taf. 3 zur Vorlage. Eine Beschreibung von Seiten des Autors dürfte wohl nicht erfolgt sein.

Schliesslich möchte ich zwei im Hamburger Museum befindliche kleine Exemplare von den Tonga-Inseln hierher rechnen, die ich verschiedener Besonderheiten wegen bisher als Vertreter einer neuen Species auffassen zu können glaubte. Mir scheinen indessen bei nochmaliger Betrachtung die Verschiedenheiten nicht tiefgreifend genug zu sein, um die beschriebene neue Art *Antedon lepida* Nob. bestehen zu lassen. Es handelt sich wahrscheinlich um zwei junge Exemplare von *Antedon palmata*. Die nicht geschlechtsreifen Thiere sind, abgesehen von ihrer sehr geringen Grösse, ausgezeichnet durch seitlich vollkommen freie zweite Radialia, ein Verhalten, das ich bei keinem der typischen Vertreter unserer Art gefunden habe, sodann ist die dritte Pinnula (sechste Brachiale) fast so lang wie die zweite, und schliesslich sind wenigstens an einem der Exemplare die Dornen an den Cirrusgliedern so scharf differenzirt, wie ich es an den Exemplaren aus dem Rothen Meere niemals sah. Sollte sich meine jetzige Ansicht über diese Stücke von den Tonga-Inseln bestätigen, so wäre der neue Fundort unserer Art gewiss von grossem Interesse, um so mehr, als die Insel Ceylon der einzige bis jetzt bekannte Fundort ausserhalb des Rothen Meeres war.

14) **Antedon erinacea** n. sp. (Taf. 3. Fig. 29.)

Centrodorsale gross, halbkugelig; fast ganz bedeckt mit Cirren, deren es etwa 25 trägt. Die Cirren stehen ziemlich weitläufig; sie sind etwa 4 cm lang, ziemlich dünn und schlank, und nach dem Ende zu etwas comprimirt. Sie haben 50—60 Glieder, von denen keines länger wie breit ist. Die äussere Hälfte des Cirrus ist dorsal gekerbt und können hier die Glieder kleine Dornen tragen. Der Dorn des vorletzten Gliedes wohl entwickelt.

Erste Radialia nur in den Winkeln der Radien etwas sichtbar; zweite halb mit einander vereinigt; die Axillaria pentagonal. Vier Theilungen; aber die Postpalmaria entspringen nur von der äusseren Seite der palmaren Axillaria. Die Theilungsserien sind ziemlich schmal und gestreckt und bestehen aus zwei Gliedern, deren Seiten etwas steil abfallen. Auf der Verbindung dieser Glieder ein kleiner Buckel; ihre Seiten sind glatt. Die Radien weichen ziemlich stark auseinander und berühren sich auch mit ihren äusseren Armen nur selten. Die von einem Axillare entspringenden beiden Glieder, mit Ausnahme der ersten Brachialia, immer nur theilweise mit einander vereinigt.

51 Arme von vollkommen glatter Oberfläche; sie sind ziemlich dünn und von relativ geringer Länge. Das erste Glied ist rundlich, etwas verdickt, so lang als breit. Das zweite Glied ist eine Spur länger aussen wie innen; das dritte beträchtlich länger als breit; dann etwa acht oder neun rechteckige Glieder und hierauf eine Reihe kurzer und ziemlich scharf keilförmiger Glieder, die gegen das Armende abgestumpfter und schliesslich mehr quadratisch werden.

Erste Syzygie im dritten Brachiale, die folgende zwischen dem 10. und 50. Gliede und die anderen meist in Zwischenräumen von 8—9, gelegentlich aber auch nur 3 Gliedern.

Die Scheibe ist umgeben von einem dichten Kranze dornartiger Pinnulae. Die ersten vier Paar Pinnulae ganz steif und scharf dornförmig. Das erste und zweite Paar etwa 14 mm lang, mit circa 25 kurzen Gliedern. Das dritte und vierte Paar nehmen an Länge ab. Die Pinnula des zehnten Brachiale an äusseren Armen auch noch steif und etwa 5 mm lang; die des zwölften und vierzehnten Brachiale ganz klein; dann nimmt die Länge wieder zu und erreicht etwa 8 mm. Die dornartigen Pinnulae sind an allen Armen gleich stark, auch sind die Pinnulae der inneren Armseite so lang wie die an der äusseren. — Sacculi an den Pinnulae dicht stehend. Scheibe: nicht erhalten. Klafterung: etwa 21 cm. Färbung: eintönig hellbraun. Fundort: Cebu Islands. Ein Exemplar. Hamburg, durch Kapitän Ringe.

Antedon erinacea ist eine unzweifelhaft neue Art, die sich von allen ihren Verwandten sofort durch die grosse Menge der die Scheibe umgebenden starken dornförmigen Pinnulae und ferner dadurch unterscheidet, dass die Glieder aller dieser Pinnulae relativ kurz und zahlreich sind. Die einzige der hier in Betracht kommenden Arten, welche ihr in Beziehung auf die Kürze und Zahl dieser Glieder gleicht, ist *Antedon indica* Smith, doch ist eine Verwechselung mit ihr ganz ausgeschlossen, weil dieselbe ganz im Gegensatz zu unserer Art eine nur geringe Menge längerer griffelförmiger Pinnulae besitzt. Uebrigens unterscheidet sich *Antedon erinacea* von allen ähnlichen Formen in folgenden Punkten. Sie besitzt verhältnissmässig sehr lange Cirren, die aus 50—60 Gliedern bestehen, sodann postpalmare Serien, eine damit verbundene hohe Armzahl, und schliesslich liegt, was sehr charakteristisch ist, die zweite Syzygie bei ihr durch eine ungewöhnlich grosse Gliederzahl von der ersten getrennt, zwischen dem 40. und 50. Brachiale.

15) **Antedon tenuipinna** n. sp. (Taf. 3. Fig. 28, 30, 34.)

Das Centrodorsale ist eine convexe Scheibe und trägt etwa 15 zarte Cirren, die bis 12 mm lang werden. Sie bestehen aus ungefähr 20 Gliedern; dieselben sind vom fünften bis achten inclusive ziemlich lang, werden dann allmählich kürzer und sind gegen das Cirrusende hin quadratisch. Sie tragen vom neunten Gliede an auf ihrer Mitte einen scharfen, gerade aufwärts gerichteten und ausserdem an jedem Ende einen horizontal stehenden Dorn (s. Fig. 30). Von letzteren beiden ist der distale stärker und überragt den proximalen Rand des folgenden Gliedes.

Erste Radialia sichtbar, seitlich theilweise vereinigt; zweite ganz frei, etwas kürzer als das pentagonale Axillare. Zwei der Radien haben zwei Theilungen, einer drei, und zwei nur eine. Die distichalen und palmaren Serien sind zweigliederig, das Axillare ohne Syzygie. Die ersten Distichalia sind nur theilweise mit einander vereinigt. Die Radien weichen stark auseinander. Ihre seitlichen Kanten haben keine Verdickungen, sind aber gekerbt. Die Verbindungen der Axillaria mit dem vorangehenden Gliede ohne buckelige Erhebung.

16 glatte und schlanke Arme mit ziemlich langen Gliedern. Das erste Glied ist etwas länger, aussen wie innen und nur theilweise mit dem Nachbargliede vereinigt; das zweite Glied hat ziemlich dieselbe Form mit einer schwachen, rückwärts gerichteten Hervorragung von der Mitte seines proximalen Randes. Drittes Glied ein Bisschen länger wie breit; dann einige wenige, die scheibenförmig sind, und ihnen folgt eine grosse Reihe ziemlich langer, stumpf keilförmiger Glieder, die schliesslich länglicher werden. Die syzygialen Glieder sind lang.

Erste Syzygie im dritten Brachiale, die nächste um das fünfzehnte herum oder an Armen erster Ordnung im achten; die folgenden in Zwischenräumen von 4—7 Gliedern.

In Armen erster Ordnung sind die beiden ersten Pinnulae-Paare gleich lang und dick, 7 mm. Sie sind steif und dornförmig und bestehen aus etwa 8 Gliedern, die mit Ausnahme der beiden basalen und des terminalen viel länger als breit sind. Das folgende Paar hat denselben Charakter, ist aber nur 4 mm lang, mit 5 Gliedern, und darauf kommt das kürzeste Paar, das weniger steif ist und nicht 3 mm erreicht. Die übrigen Pinnulae sind sehr zart, fast haarartig und werden etwa 7 mm lang. Die unteren Pinnulae der übrigen Arme unterscheiden sich dadurch von den beschriebenen, dass sie auf der äusseren Armseite ein Guttheil länger sind wie auf der inneren. — Saceuli: nicht zahlreich, aber tief gefärbt und ins Auge fallend: an den Pinnulae auf den Armen und der Scheibe. Starke Kalkstäbchen in den Randblättchen der Pinnulae. Scheibe: 11 mm Durchmesser, nur wenig eingeschnitten. Klafterung: 12,5 cm. Färbung: Skelett: hell-gelblich, weiss: Scheibe: hell-braun, grau, mit einem Stich ins Grüne. Fundort: Neubritannien: Matupi. Ein Exemplar, Berlin, durch Dr. O. Finsch.

Diese Art ist ähnlich der *Antedon erinacea* Nob. dadurch ausgezeichnet, dass ihr erstes Paar Pinnulae denselben Charakter hat wie das zweite. Aber während dieselben bei jener Art eine ansehnliche Länge und Stärke erreichen und aus zahlreichen, relativ kurzen Gliedern bestehen, sind sie bei unserer neuen, ausserordentlich viel kleineren und zierlicheren Form verhältnissmässig kurz und aus wenigen, sehr langen Gliedern zusammengesetzt. Sehr charakteristisch für *Antedon tenuipinna* sind sodann ihre sehr dünnen, fast haarähnlichen äusseren Pinnulae, welche die Länge der ersten dornförmigen Paare erreichen. Sie gleicht darin etwas *Antedon spicata* Carp., deren Original-Exemplar zu Leyden ebenfalls äussere Pinnulae besitzt, die „slender and filiform" sind. Schliesslich sei als gutes Erkennungszeichen auf die eigenthümlich bedornten Cirrusglieder hingewiesen. Durch dornige Pinnulae ist unter den näher verwandten Formen, wie es scheint, nur *Antedon indica* Smith ausgezeichnet, doch ist es nach des Autors eigener Angabe nicht ganz sicher, ob der von ihm abgebildete Cirrus wirklich zu dem Original-Exemplar seiner Species gehörte.

16) **Antedon oxyacantha n. sp.** (Taf. 3. Fig. 35, 37.)

Centrodorsale dick. seitlich gewölbt, mit zuweilen deutlich fünfeckigem unteren Rande: die cirrusfreie Oberfläche meist ziemlich klein und mit kleinen Grübchen bedeckt. 30—35 meist ziemlich dünne comprimirte Cirren, in zwei und stellenweise drei unregelmässigen Reihen. Ihre Länge variirt und schwankt von 18--28 mm. Sie haben etwa 25 Glieder, die vom fünften bis zum elften länglich sind; dieselben haben oft etwas verdickte Enden, und auf der ventralen Seite der proximalen Cirrushälfte pflegt ihr distaler Rand die Basis des folgenden Gliedes zu überragen. Keine Knöpfchen oder Dornen mit Ausnahme des vorletzten Gliedes.

Erste Radialia ganz verborgen; zweite sichtbar, ganz frei seitlich, und so lang wie die freien Seiten des kurzen pentagonalen Axillare. Distichale und palmare Stämme zweigliederig, das Axillare ohne Syzygie. Keine Postpalmaria. Die palmaren Stämme entspringen nur von der äusseren Seite der distichalen Axillaria, so dass in der Regel jeder Radius 6 Arme hat. Die Verbindungen der Axillaria mit dem ihnen vorhergehenden Gliede sind buckelig, obgleich manchmal nur sehr wenig. Von den radialen bis zu den palmaren Axillarien haben die Glieder schwache Verdickungen an ihrem seitlichen Rande. Die auf ein Axillare folgenden zwei Glieder sind seitlich unvollständig vereinigt.

Gewöhnlich 30 Arme von ziemlich glatter Oberfläche. Kurze Glieder, von denen die sieben oder acht ersten dick-scheibenförmig sind; auf sie folgen ungefähr 30 ganz schwach übergreifende dreieckige Glieder, die in stumpfe, keilförmige übergehen; weiterhin kurze, scheibenförmige Glieder, die gegen das Armende mehr quadratisch und schliesslich etwas länglich werden.

Erste Syzygie im dritten Brachiale; die folgende meist vom 12. bis 25. Gliede, oft um das 23. herum, und die übrigen gewöhnlich in Zwischenräumen von 7—10 Gliedern. Zweite Syzygie in Armen erster Ordnung im achten Brachiale und die späteren in Zwischenräumen von 3—4.

Das erste Paar Pinnulae ist dünn und geisselförmig, die drei oder vier folgenden Paare dagegen viel dicker und dabei steif, gerade, und mehr oder minder spitz, dornförmig. — Die Pinnula des zweiten Brachiale ist an den äusseren Armen der Radien meist länger wie an den inneren; sie besteht hier aus 20—27 cylindrischen Gliedern, welche mit Ausnahme der basalen länger wie breit sind; sie wird bis 15 mm lang. Die des dritten Brachiale ist ein Guttheil kürzer. Die zwei folgenden steifen und dornförmigen Pinnulae an der äusseren Armseite (vierte und sechste Brachiale) sind meist beträchtlich länger und können 20 mm messen; sie sind zuweilen beide gleich gross, aber ihre relative Länge variirt, und die erste von ihnen kann ebensowohl länger wie kürzer als die folgende sein (vergl. Fig. 37). Beide bestehen aus 9—15, meist aber etwa 12 Gliedern, von denen die mittleren zweimal, die äusseren, mit Ausnahme der beiden letzten, dreimal so lang wie dick sind. Die beiden folgenden Pinnulae nehmen an Gliederzahl und an Länge beträchtlich ab; mindestens die erste von ihnen hat den steifen dornähnlichen Charakter der vorigen. Die grösste Länge der äusseren Pinnulae beträgt 10 mm. — Die Länge und Form der unteren dornigen Pinnulae variirt individuell etwas; an der Aussenseite des Armes aber sind sie stets länger wie an der Innenseite. — Sacculi an den Ambulacralrinnen der Scheibe, der Arme und der Pinnulae zahlreich. Scheibe: 15 mm Durchmesser, eingeschnitten. — Färbung: Skelett: dunkel chocoladebraun, die centrale Region manchmal etwas heller; oder die Arme gräulich schwarz mit breiten Binden von hellbraun und die centrale Region ebenfalls hellbraun; oder hellbraun mit ganz dunklen Querstreifen an den Verbindungen der Arme. Scheibe: dunkelbraun. Klafterung: 20—28 cm. Fundort: Amboina. 10 Exemplare.

Dieser Art nahe verwandt sind die beiden Arten *Antedon spicata* Carp. und *Antedon tuberculata* Carp. Einige ihrer Eigenthümlichkeiten finden wir in unserer *Antedon oxyacantha* vereinigt, so dass, selbst wenn man die Identität der letzteren mit einer der beiden anderen Species annehmen wollte, es sehr schwer zu unterscheiden sein würde, welcher man den Vorzug zu geben hätte. Ich gestehe, dass ich Anfangs sehr geschwankt habe in meinen Erwägungen für und gegen die Berechtigung der hier neu beschriebenen Art. nachdem ich aber das Original von *Antedon spicata* im Leydener Museum, sowie je ein Exemplar von *Antedon tuberculata* im Berliner und Hamburger Museum persönlich geprüft habe, entscheide ich mich dahin, dass wir es mit drei verschiedenen Species zu thun haben, und ich kann hinzufügen, dass Dr. P. H. Carpenter, welchem ich ein Exemplar der *Antedon oxyacantha* Nob. schickte, diese Meinung theilt.

Es sind bis jetzt 8 Arten der *Palmata*-Gruppe bekannt, welche durch den dornähnlichen Charakter gewisser unterer Pinnulae eng verbunden sind. Sie lassen sich je nach dem Verhalten des ersten Paares in zwei Gruppen zerlegen:

1) Das erste Pinnula-Paar hat annähernd die gleiche Grösse, Gliederzahl und Gliederlänge wie das folgende:

a. lange Glieder _Antedon tenuipinna_ Nob.,

b. kurze Glieder _erinacea_ Nob.

2) Das erste Pinnula-Paar ist kürzer als das folgende, hat aber zahlreichere kürzere Glieder

Antedon spinipinna Nob.,

monacantha Nob.,

indica Smith.,

spicata Carp.,

tuberculata Carp.,

„ _oxyacantha_ Nob.

Zur Unterscheidung der _Antedon oxyacantha_ von den ihr besonders nahestehenden, bereits genannten beiden Formen sei Folgendes bemerkt.

Antedon spicata Carp. ist, dem Leydener Exemplare nach zu urtheilen, eine kleinere, viel zierlicher gebaute Art, deren allgemeiner Habitus im Uebrigen aber dem unserer neuen Species sehr ähnlich ist. Ihre Radien indessen weichen nicht, wie es bei _Antedon oxyacantha_ die Regel ist, weit auseinander, sondern stehen vielmehr mit einander in seitlicher Berührung. Das erste Paar Pinnulae ist dünn und geisselförmig und erreicht bei ihr nach Carpenter's[1]) neuester Angabe fast die Länge des folgenden, während es bei unserer Art gewöhnlich beträchtlich kürzer ist. Die Pinnula des vierten Brachiale besteht aus 16 und mehr Gliedern und ist weniger ausgesprochen dornförmig als die aus etwa 12, höchstens 15 Gliedern bestehende Pinnula des vierten Brachiale von _Antedon oxyacantha_. Die auf sie folgende Pinnula des sechsten Brachiale ist bedeutend kürzer und, wie es nach Carpenter's Abbildung l. c. scheint, weniger gestreckt und steif, während sie bei unserer neuen Art gelegentlich sogar länger wie die vorhergehende ist und genau so ausgesprochen stachelförmig wie jene: bei dieser ist sogar die dann kommende Pinnula des achten Brachiale und an äusseren Armen sogar noch die des zehnten Gliedes ganz gestreckt, steif und dornförmig. Die äusseren Pinnulae endlich sind bei _Antedon spicata_, was ich als sehr charakteristisch für sie ansehe, dünn und fadenförmig, ähnlich denen von _Antedon tenuipinna_ Nob., und dies ist bei _Antedon oxyacantha_ nicht der Fall.

---

[1]) P. H. Carpenter in: Journal Lin. Soc. Zoology Vol. XXI. pag. 310.

Antedon tuberculata Carp., deren Berechtigung als Art der Autor in seiner letzten Abhandlung über Comatuliden l. c. aufs Neue bestätigt und ich meinerseits vollkommen anerkenne, unterscheidet sich von unserer Species zunächst durch auffallende Kürze ihres zweiten Radiale, sodann dadurch, dass die Pinnula ihres zweiten Brachiale steifer ist und schliesslich durch die Pinnula des achten Brachiale, welche nicht den Charakter der vorhergehenden hat, sondern aus kürzeren Gliedern besteht und nicht steif, dornförmig ist. Ueber ein Exemplar im Hamburger Museum, das ich für *Antedon tuberculata* halte, entnehme ich meinen Notizen noch Folgendes. Es scheint in der Färbung mit dem im Challenger-Report beschriebenen Original-Exemplare ziemlich übereinzustimmen, denn es ist weiss, mit dunkelbraunen Glied-verbindungen und einzelnen dunkleren Binden auf den Armen; die Enden der Cirren sind braun. Das zweite Radiale ist sehr kurz, ebenso das Radiale axillare, obwohl es mehr als zweimal so lang ist wie jenes. — Die Ver-bindungen der Axillaria mit dem ihnen vorhergehenden Gliede sind nicht buckelig. Das vierte Paar Pinnulae ist niemals griffelförmig, sondern gleicht durchaus den darauf folgenden Genital-Pinnulae. Die Form ist ähnlich der von *Antedon spicata* eine zierliche, aber das Exemplar besitzt nicht die für jene Art charakteristischen langen, fadenförmigen äusseren Pinnulae. — Was die Länge der Glieder in den unteren steifen, dornförmigen Pinnulae betrifft, so gleicht *Antedon tuberculata*, wie ich der Abbildung im Challenger-Report entnehme, durchaus *Antedon oxyacantha*, d. h. die mittleren Glieder sind zweimal so lang wie dick und die äusseren, abgesehen von den beiden terminalen, dreimal so lang. Bei *Antedon spicata* Carp. dagegen sind die Glieder nicht ganz so gestreckt. — Die Länge der länglichen Glieder in der Pinnula des zweiten Brachiale ist bei *Antedon oxyacantha* variabel; sie über-trifft die Dicke derselben manchmal nur wenig, manchmal dagegen um das Zweifache.

17) **Antedon monacantha n. sp.** (Taf. 3. Fig. 33, 38.)

Das Centrodorsale ziemlich dick, convex, mit gewölbten Seiten; seine cirrusfreie Oberfläche klein und mit Grübchen sculpturirt. 30—35 Cirren in drei unregelmässigen Reihen. Sie sind comprimirt und bestehen aus einigen 20 Gliedern, die vom fünften an länger wie breit sind, gegen das Cirrusende

hin aber allmählich kürzer werden. Die Glieder haben weder Knöpfchen noch
Dornen und sind vom Rücken gesehen etwas stundenglasförmig. Namentlich
ihr distales Ende ist verdickt, und der Rand desselben ist besonders auf der
ventralen Cirrusseite vorspringend: die Gesammtoberfläche des Cirrus ist
somit uneben.

Erste Radialia wenig oder gar nicht sichtbar; zweite ganz frei seitlich;
Axillaria mehr oder minder pentagonal; beide ziemlich kurz. Die distichalen
Stämme sind zweigliederig, das Axillare ohne Syzygie, keine oder nur ver-
einzelte Palmaria. Die Verbindung der Axillaria mit dem ihnen vorhergehenden
Gliede buckelig, wenn auch manchmal nur andeutungsweise. Die Glieder
vom zweiten Radiale bis ersten und einzeln auch zweiten Brachiale haben
an ihrer äusseren Seite eine ziemlich starke Randverdickung. Dieselbe hat an
den Axillarien eine schräge Stellung und gehört zum Theil dem hinteren
Rande des Gliedes an.

Etwa 20 Arme mit mehr oder minder glatt verbundenen Gliedern.
(Ein Exemplar von den Mortlock-Inseln hat 17 Arme.) Das erste Glied
nahezu rhombisch; das zweite von gleicher Grösse, an seinem proximalen
Rande schwach nach hinten ausgebuchtet und an Armen erster Ordnung mit
einer seitlichen Randverdickung. Das dritte Brachiale ist etwas breiter als
lang; dann drei annähernd scheibenförmige Glieder. Vom achten an sind die
Glieder nahezu dreieckig; sie werden aber bald kürzer und stumpfer keilförmig; am Ende der Arme sind sie mehr quadratisch.

Erste Syzygie im dritten Brachiale; die nächste um das zwölfte Glied
herum oder im fünfzehnten oder sechzehnten Gliede (Exemplar von Torres
Street); die folgenden in Zwischenräumen von 2—4 oder 5—6 Gliedern
(Exemplar von Torres Street). Arme erster Ordnung haben die zweite Syzygie
im achten Brachiale.

Die Pinnula des zweiten Brachiale ist zart, schlank und biegsam, mit
15, höchstens 20 Gliedern, von denen die meisten länger wie dick sind. Sie
ist länger wie die des dritten Brachiale, aber meist nur halb so lang wie die
des vierten Gliedes. Diese und die des fünften Brachiale sind viel dicker
und dabei vollkommen steif, gerade und dornförmig. Sie sind bei Exemplaren
von den Mortlock-Inseln 9—10 mm lang und bestehen aus zwölf stark verlängerten Gliedern, von denen das vierte und fünfte ausgesprochen am längsten

sind (bei einem Exemplare von Torres Street dagegen haben sie etwa 20 Glieder; die Pinnulae sind bei ihm etwas dünner, und ihr viertes und fünftes Glied zeichnen sich vor den nachfolgenden nicht durch grössere Länge aus). Die Pinnulae des sechsten und siebenten Brachiale sind nicht halb so lang, dabei ganz biegsam und von dem Charakter der nachstehenden. Von diesen haben die drei oder vier ersten Paare annähernd dieselbe Länge; die dann kommenden werden aber länger und erreichen 8 mm. — Sacculi an den Pinnulae dichtstehend. Scheibe: 11 mm Durchmesser, stark eingeschnitten. Klafterung: 17 cm. Färbung: Skelett: hellbraun, zuweilen mit breiten dunkelbraunen Binden auf den Armen. Scheibe: schwarzbraun. Fundort: Mortlock-Inseln. Ein Exemplar in Göttingen, ein anderes in Hamburg, Torres Street.

Antedon monacantha ist eine neue Art, die sich leicht daran erkennen lässt, dass jeder Arm nur ein Paar ausgesprochen dornförmiger Pinnulae besitzt, nämlich am vierten und fünften Brachiale. Bei den Exemplaren von den Mortlock-Inseln sind dieselben sehr gedrungen und kräftig mit nur 12 Gliedern, bei einem Exemplare jedoch von Torres Street, das ich von Herrn P. H. Carpenter zur Ansicht erhielt, sind dieselben viel schlanker und aus circa 20 Gliedern zusammengesetzt. Die neue Art unterscheidet sich von *Antedon indica* Smith, der sie im Verhalten der unteren Pinnulae nicht unähnlich zu sein scheint, durch die kräftigen Verdickungen am äusseren freien Rande ihrer Stammglieder. Dieser Rand ist bei *Antedon indica* vollkommen glatt. — In der ziemlich geringen Gliederzahl der ersten Pinnula und die längliche Form ihrer Glieder erinnert die Art an *Antedon spinipinna* n. sp. und *tenuipinna* n. sp. Das Exemplar von der Torres-Strasse diente zur Vorlage für Fig. 33.

18) **Antedon spinipinna n. sp.** (Taf. 4. Fig. 42. 44.)

Centrodorsale convex, mit etwa 15—20 zarten, ziemlich comprimirten Cirren in zwei unregelmässigen Reihen. Cirrusfreie Oberfläche klein und mit Grübchen versehen. Ungefähr 15 glatte Cirrusglieder, die vom vierten bis neunten inclusive länglich sind. Das vorletzte Glied mit wohl entwickeltem Dorn.

Erste Radialia sichtbar; zweite nicht in Berührung seitlich, so lang wie die freien Seiten des pentagonalen Axillare. Vier der Radien theilen sich nur einmal, das fünfte (bedeutend schwächer, vielleicht in Folge von Regeneration) aber zweimal; seine distichalen Stämme sind zweigliederig, das Axillare ohne Syzygie. Die ventralen Kanten der Radien sind glatt und die Verbindungen der Stammglieder nicht buckelig.

12 glatte Arme. Erstes Brachiale ziemlich kurz, nur theilweise mit dem Nachbargliede vereinigt. Das zweite ein Bisschen länger; das dritte (Syzygie) länger wie breit. Vom siebenten an eine Reihe mässig grosser, keilförmiger Glieder, die schliesslich mehr quadratisch werden.

Erste Syzygie im dritten Brachiale; die nächste im achten und die folgenden in Zwischenräumen von 2—3 Gliedern.

Die Pinnula des zweiten Brachiale an Armen erster Ordnung ist dünn, aber ziemlich steif und griffelförmig und besteht aus etwa 12, höchstens 14 länglichen Gliedern. Die dann folgende ist bedeutend stärker und ein gutes Stück länger; sie ist ganz steif und gerade dornförmig, misst 6 mm und hat nur 8—10 sehr lange Glieder. Die Pinnulae des sechsten und achten Gliedes nehmen an Länge ab und sind weniger steif. Die Pinnula des dritten Brachiale ist bedeutend kleiner als die des zweiten und durchaus nicht griffelförmig. Die des fünften Brachiale aber ist ebenso lang wie die des vierten. Die äusseren Pinnulae sind ziemlich lang und erreichen 7 mm. — Sacculi gross und dichtstehend an den Pinnulae. Scheibe: 7 mm Durchmesser, nicht eingeschnitten. Färbung: Skelett: hell gelblichbraun, mit den dunklen Querbinden an den Verbindungen der Glieder. Scheibe: graubraun. Klafterung: 7 cm. Fundort: Amboina. Ein Exemplar.

Das der obigen Beschreibung zu Grunde gelegte Exemplar ist nicht geschlechtsreif, trotzdem glaubte ich es zum Typus einer neuen Species erheben zu dürfen, denn es ist so wesentlich verschieden von den verwandten Formen, dass wir es schwerlich als Jugendstadium einer derselben in Anspruch nehmen können. Dazu kommt, dass es von besonderem Interesse ist, insofern es durch seine sehr geringe Armzahl darauf hinweist, dass wir erwarten dürfen, unter den durch ihre dornigen unteren Pinnulae so wohl charakterisirten Arten der *Palmata*-Gruppe auch zehnarmige Formen kennen zu lernen, die unmöglich systematisch von ihnen getrennt werden dürften. — *Antedon spinipinna* ist eine sehr zierlich gebaute kleine Form. Die Pinnula ihres zweiten Brachiale hält die Mitte zwischen der von *Antedon tenuipinna* und einer solchen, wie sie *Antedon spicata* und *oxyacantha* besitzen. Sie ist ziemlich steif und griffelförmig und besteht aus etwa zwölf länglichen Gliedern, andererseits aber ist sie wie bei jenen Arten beträchtlich kürzer, als die aus nur acht bis zehn langen Gliedern zusammengesetzte Pinnula des vierten Brachiale.

19) **Antedon imparipinna Carp.** (Taf. 4. Fig. 40, 41, 43.)
P. H. Carpenter 1882 l. c. p. 505.

Syn.: *Antedon protecta* (Ltk. M. S.) P. H. Carpenter. Challenger-Rep. XXVI. p. 225.
,,   ,,   (Ltk. M. S.) Hartl. Vorläufige Mittheilung l. c.
,,   *aequipinna* Carp. Journ. Linn. Soc. Zool. XVI. p. 501.
,,   *conjungens* Carp. Challenger-Rep. XXVI. p. 233.

Centrodorsale zuweilen eine Scheibe von mässiger Grösse mit ziemlich kleiner, unregelmässig begrenzter, mit Grübchen sculpturirter freier Oberfläche und mit Cirren, die an seinen etwas schräg abfallenden Seiten stehen, zuweilen eine grosse Scheibe mit verticalen Seiten und weiter flacher oder leicht concaver glatter Oberfläche von einem Durchmesser bis 5 mm. 25—46 Cirren in zwei oder stellenweise drei Reihen, mit 22—25 ziemlich gleichförmigen Gliedern. Die drei untersten Glieder sind ein wenig breiter wie lang, die vom sechsten bis zehnten, zuweilen auch die vom vierten bis neunten (Ovalan) etwas länger wie breit und der Rest wieder kürzer und comprimirt. Die äussersten Glieder können etwas gekielt sein und ein dorsales Knöpfchen, einzeln selbst stumpfe Dornen tragen. Der Dorn des vorletzten Gliedes meist sehr schwach entwickelt.

Erste Radialia ganz verborgen oder nur in den Winkeln der Radien ein wenig zu sehen; zweite Radialia kurz, gelegentlich ganz frei seitlich, aber gewöhnlich mehr oder minder seitlich vereinigt: sie sind so lang wie die beiden freien Seiten des pentagonalen Axillare. Die Radien weichen nur wenig auseinander, zuweilen berühren sie sich fast; sie theilen sich dreimal. Die distichalen und palmaren Stämme sind zweigliederig, das Axillare ohne Syzygie. In der Regel keine Postpalmaria. Auf der Verbindung der Axillaria mit dem ihnen vorangehenden Gliede zuweilen eine schwache Erhebung. Die von einem Axillare entspringenden zwei Glieder sind mehr oder minder mit einander vereinigt: die ersten Distichalia oft nur mit ihrer proximalen Hälfte. Die äusseren Kanten der Radien sind an den Verbindungen der Glieder eingekerbt.

Selten mehr als 40 Arme, gewöhnlich nahezu 40. Ein oder zwei derselben entspringen gelegentlich von einem Radiale axillare. Die Arme sind glatt: die zwei ersten Glieder sind aussen ein wenig länger wie nach innen. Das dritte Glied (Syzygie) ist quadratisch, dann 3—4 scheibenförmige, und darauf eine ziemlich lange Reihe kurzer Glieder, die zuerst mehr oder weniger dreieckig sind, weiterhin aber abgestumpfter keilförmig werden. Ihr distaler Rand hat manchmal eine kleine, dorsale, spitze Hervorragung von alternirend seitlicher Lage. Die äussersten Glieder sind so lang wie breit, bleiben aber schwach keilförmig. Eine Eigenthümlichkeit vieler Arme ist, dass sie ihre grösste Dicke in einiger Entfernung von ihrem Ursprung erreichen.

Erste Syzygie im dritten Brachiale: die nächste gewöhnlich vom zwölften bis sechzehnten Gliede und die folgenden in Zwischenräumen von 7—8 Gliedern.

Die zwei äusseren von je vier zu einem distichalen Axillare gehörenden Arme haben längere untere Pinnulae als die beiden inneren, und zwar sind die Pinnulae des vierten Brachiale der beiden äussersten Arme eines jeden Radius durch ganz besondere Stärke ausgezeichnet. Diese Eigenthümlichkeit ist in der Regel sehr ausgeprägt, und in solchen Fällen ist die Scheibe von 20 längeren Pinnulae umgeben, die zu je zweien bei einander stehen und dem vierten Brachiale der äusseren Arme eines Distichiums angehören. Die Pinnula des zweiten Brachiale an äusseren Armen ist schlank und dünn und hat eine sehr variable Gliederzahl, die zwischen 12 und 35 schwankt. Sie ist ungefähr halb so lang wie die darauf folgende des vierten Brachiale, die ziemlich steif und bei Weitem die längste und dickste Pinnula des Armes ist. Letztere hat eine Länge von 10—17 mm: die Zahl ihrer gleichförmigen glatten cylinderischen Glieder kann 30 übertreffen, obwohl sie sehr oft nicht mehr als 14—20 beträgt. Die Glieder sind ungefähr so lang wie dick. Die nächste Pinnula derselben Seite (sechste Brachiale) ist in der Regel sehr klein, und die dann kommende ist von allen die winzigste. Ueber sie hinaus nehmen die Pinnulae langsam an Länge zu und erreichen schliesslich etwa 5—6 mm. Die zwei ersten Pinnulae der inneren Seite äusserer Arme (dritte und fünfte Brachiale) sind gewöhnlich viel kürzer wie die entsprechenden Pinnulae der Aussenseite: aber die des siebenten und neunten Gliedes sind ungefähr eben so lang wie die des sechsten und achten. — Sacculi an den Pinnulae dichtstehend. Scheibe: tief eingeschnitten, von ungefähr 17 mm Durchmesser.

Färbung: Skelett: verschiedene Schattirungen von braun, oft gescheckt mit einem hellen Graubraun in Binden und Flecken; die centrale Partie oft eintönig hellgrau oder weisslichbraun. Scheibe: grau oder graubraun. Auch graublaue Exemplare kommen vor. Klafterung: 14 cm. Fundorte: Amboina, 5 Exemplare. Tonga-Inseln, 1 Exemplar: Berlin. Batjan, 1 Exemplar: Berlin (Ed. v. Martens). Hongkong, 1 Exemplar: Hamburg. Neu Guinea, 2 Exemplare; Berlin. Ovalau, 3 Exemplare: Lübeck.

Die Exemplare von Ovalau sind von sehr übereinstimmendem Habitus. Zwei sind graublau gefärbt, eines röthlichbraun. Die Form des Centrodorsale ist bei allen dieselbe: eine mässig grosse flache Scheibe. Die Cirren, deren eines der Exemplare 46, die anderen beiden 30 besitzen, sind nicht ganz auf den Rand beschränkt und stehen in drei unregelmässigen Reihen. Der Dorn ihres vorletzten Gliedes ist schwach. Die Radien stehen bei zwei Exemplaren in Berührung unter einander, bei dem dritten liegen sie frei. Die Armzahl beträgt 38 oder 39.

Ich habe in meiner vorläufigen Mittheilung *Antedon protecta* Ltk. M. S. als eine neue Art beschrieben, bin indessen nach nochmaligem Vergleich des Originals von *Antedon imparipinna* Carp. zur Ueberzeugung gelangt, dass diese Art mit jener identisch ist und deshalb ihr Name als der ältere den Vorzug verdient. Das Originalexemplar Carpenter's war wegen seiner vollständig nach innen zusammengelegten Arme für die Beschreibung der unteren Pinnulae sehr ungünstig, und es ist nicht zu verwundern, dass dem Autor die Haupteigenthümlichkeit der Art, der Grössenunterschied der zweiten Pinnula an inneren und äusseren Armen, entging. Ein anderer nicht minder wesentlicher Charakterzug aber wird von ihm richtig hervorgehoben, nämlich die ausserordentliche Kleinheit der dritten Pinnula im Vergleich mit der zweiten.

Eine Art, die ich nicht minder für identisch mit *Antedon imparipinna* Carp. halte, ist *Antedon aequipinna* Carp., die, sehen wir ab von der eigenthümlichen Färbung ihrer Arme, in ihrem Habitus die grösste Uebereinstimmung mit den *imparipinna*-Exemplaren von Amboina zeigt. Der wesentlichste Charakterzug der letzteren Art, nämlich die auffallende Grösse der zweiten Pinnula an den äusseren Armen jedes Distichiums ist, obwohl Carpenter dies nicht erwähnt, wohl ausgeprägt. Die auf die zweite folgende Pinnula des sechsten Brachiale ist relativ sehr klein, obwohl der Unterschied nicht so erheblich ist, wie er sein kann. Wir sehen aber an den Amboina-Exemplaren, dass dieser, in der Regel so ausserordentlich ausgeprägt, gelegentlich fast fehlt, so dass also die ungewöhnliche Kleinheit der dritten Pinnula (sechste Brachiale) als constantes Merkmal nicht betrachtet werden darf (Taf. 4. Fig. 41). Aus demselben Grunde halte ich auch *Antedon conjungens* Carp. für ein Synonym von *imparipinna*. Carpenter, glaube ich, würde schwerlich diese Art gemacht haben, wenn ihm überhaupt aufgefallen wäre, dass die letztere Art jenen charakteristischen Grössenunterschied an den unteren Pinnulae der äusseren und inneren Arme eines jeden Distichiums besässe.

Betreffend *Antedon aequipinna* Carp. sei noch bemerkt, dass Carpenter's Aussage, genau genommen, nicht zutrifft. wenn er in seinem Key zu den Hamburger Arten von dieser Species sagt: „the fourth and fifth brachials bear large tolerably equal pinnules". An den äusseren Armen jedes Distichiums ist, wie ich mich überzeugte, die Pinnula des fünften Brachiale bedeutend kleiner als die des vierten. Allerdings ist der Unterschied an dem Original-exemplare von *Antedon imparipinna* viel erheblicher, aber diese besitzt auch eine Pinnula am zweiten Brachiale. die von ganz ungewöhnlicher Grösse ist. Als ein für unsere Art relativ sehr constantes Merkmal sei noch hervor-gehoben die auch von Carpenter angeführte Kleinheit des Dornes am vor-letzten Cirrusgliede. Wie sich in dieser Beziehung das Original von *Antedon conjungens* Carp. verhält, wäre von Interesse zu erfahren. — Dass *Antedon aequipinna* 43 Arme besitzt, statt, wie es bei *Antedon imparipinna* zu sein pflegt, gegen 40 oder genau 40, fällt nicht ins Gewicht, da wir das gelegent-liche Vorkommen postpalmarer Stämme auch an einem Amboina-Exemplare constatirten, welches 42 Arme besitzt.

20) Antedon tenera (Ltk. M. S.) n. sp.

Centrodorsale eine mässig dicke Scheibe mit unebener, ziemlich kleiner cirrusfreier Oberfläche, die unregelmässig begrenzt und leicht eingesenkt ist. An seinen schräg abfallenden Seiten 30—40 Cirren, in zwei oder stellenweise zuweilen drei unregelmässigen Reihen. Die Cirren sind etwa 15 mm lang und von feiner Structur. Sie haben 20—30 Glieder, von denen die mittleren ein Bisschen länglich sind. Die äusseren sind etwas comprimirt und tragen ein dorsales Knöpfchen.

Erste Radialia theilweise sichtbar. Zweite seitlich vollkommen frei: die Axillaria pentagonal. Die Radien können sich viermal theilen. Die Stämme sind zweigliederig, das Axillare ohne Syzygie. Die Radien stehen in dichter Berührung. Die Verbindung der Axillaria mit dem voraufgehenden Gliede ist zuweilen etwas buckelig. Die Seiten der Radien ohne Erhabenheiten.

32—43 glatte dünne Arme. Erste Glieder fast vollkommen mit einander vereinigt; ein Bisschen länger aussen wie innen. Zweite etwas kürzer. Das dritte Glied ist quadratisch, dann drei oder vier kürzere scheibenförmige und darauf etwa 27 ziemlich kurze dreieckige Glieder. Der Rest sind kurze, stumpfer keilförmige, die schliesslich mehr quadratisch werden.

Erste Syzygie im dritten Brachiale. Die nächste gewöhnlich im fünfzehnten (gelegentlich schon im sechsten) und die folgenden in Zwischenräumen von 9—17 Gliedern.

Die Länge der unteren Pinnulae variirt. Die zweite hat etwa 25 längliche Glieder und ist stets länger wie die erste. Beide sind gelegentlich an den äusseren Armen eines Distichiums viel länger als an den inneren. Die Länge der Pinnula des zweiten Brachiale an äusseren Armen kann 12 mm betragen, die der Pinnula des vierten Brachiale 18 mm. Die basalen Glieder dieser sonst dünnen Pinnulae sind flach und etwas vergrössert und zwei von ihnen sind deutlich oder nur andeutungsweise gekielt. Die drei folgenden Pinnulae sind klein; die des dritten und fünften Brachiale sind bedeutend kleiner als die entsprechenden Pinnulae der äusseren Armseite. Die äusseren Pinnulae werden 7 mm lang. — Sacculi an den Pinnulae dichtstehend. Scheibe: 10 mm Durchmesser, stark eingeschnitten. Klafterung: ungefähr 13 cm. Färbung: hell graubraun. Fundort: Queensland. Ein Exemplar in Göttingen. Ein Exemplar in Hamburg von Port Denyson. — Torres-Strasse.

Antedon tenera ist eine von Lütken manuscriptweise benannte Art, die noch der Beschreibung bedurfte. Sie variirt sehr in der Länge ihrer unteren Pinnulae; an dem Göttinger Exemplare sind dieselben auffallend klein und zart, an dem Hamburger dagegen von ansehnlicher Länge, und dieses hat ausserdem die für *Antedon imparipinna* Carp. so charakteristische Eigenschaft, dass die unteren Pinnulae an äusseren Armen länger sind als an den inneren. Beide Exemplare stimmen aber darin überein, dass die unteren Pinnulae ungewöhnlich dünn sind, und dieser Umstand unterscheidet sie auch

sofort von *Antedon imparipinna* Carp., bei welcher die Pinnulae des vierten
Brachiale ziemlich kräftig und steif sind. Die erste und zweite Pinnula sind
bei unserer Art gelegentlich von gleicher Länge, ja die Länge der Pinnula
des dritten Brachiale kann sogar die des fünften übertreffen. — Ebenfalls der
Variation unterworfen ist die Zahl der Arme und die Theilungsweise der
Radien. Es können Postpalmaria entwickelt sein, wie bei dem Hamburger
Exemplare, oder auch gänzlich fehlen, wie bei dem in Göttingen befindlichen.
Bemerkenswerth für die Art ist ein im Allgemeinen zierlicher Bau und eine
eintönige hell graubraune Färbung. Ihrer Verbreitung nach gehört sie zu den
südlichsten Arten dieser Gruppe.

Ein Exemplar von Torres Street erhielt ich von Herrn P. H. Carpenter
zur Ansicht. Dasselbe unterscheidet sich von den oben beschriebenen durch
ein flacheres Centrodorsale, dessen cirrusfreie Oberfläche grösser und ganz
eben ist. Ferner sind die Glieder der Cirren an ihm etwas länglicher. Die
Glieder seiner proximalen Armregion sind etwas comprimirt mit kantenartig
verschmälertem Rücken, während sie bei den oben beschriebenen Exemplaren
rundlicher sind. Die Färbung ist hellgelblich braun, aber wie bei den anderen
durchaus eintönig. Die unteren Pinnulae sind ganz wie bei dem Göttinger
Exemplare, sehr fein und zart. 40 Arme. Keine Postpalmaria. Deutliche
Kiele an den basalen Gliedern der unteren Pinnulae.

Für Abbildungen waren die vorhandenen Exemplare leider nicht günstig.

21) Antedon brevicuneata Carp.[1] (Taf. 3. Fig. 31. Taf. 4. Fig. 39.)

P. H. Carpenter 1881 l. c. p. 187.

Syn.: *Antedon amboinensis* Hartl. Vorl. Mitthlg. l. c.
Antedon similis Carp. Challenger-Rep. XXVI. pag. 235.

Centrodorsale dick und gross, mit flacher Oberfläche. Ungefähr 25
randständige Cirren in zwei Reihen. Die Cirren sind 14—17 mm lang und

---

[1] Das Original-Exemplar dieser Species stammt von Amboina. Ich habe es in
Leyden untersucht und mich überzeugt, dass es mit dem nachstehend beschriebenen
Brock'schen Exemplare besonders im allgemeinen Habitus grosse Uebereinstimmung zeigt.
Wenn ich mich trotzdem abhalten liess, die letzteren in meiner vorläufigen Mittheilung mit
Antedon brevicuneata zu identificiren, so lag dies daran, dass ihnen, abgesehen von einer
geringeren Armzahl, eine Eigenschaft fehlt, die ich anfangs für diese Art charakteristisch er-
achtete, nämlich die abgeplatteten Seiten der Radien. Diese Abplattung für einen wesentlichen

bestehen aus 20—25 Gliedern; das sechste und siebente Glied sind etwas länger wie breit, die dann kommenden etwa so lang wie dick und alle von gleicher Grösse; sie werden etwas comprimirt und können einen dorsalen Kiel oder selbst deutlichen Dorn tragen.

Erste Radialia meistens oben sichtbar an ihren Seiten; zweite Radialia kurz und breit, ganz oder fast ganz seitlich mit einander vereinigt. Die Axillaria sind kurz, breit pentagonal oder fast dreieckig. Distichale und palmare Stämme zweigliederig, das Axillare ohne Syzygie. Die Palmaria entspringen nur an der Aussenseite der distichalen Axillaria, so dass jeder Radius sechs Arme hat. Keine Postpalmaria. Die Vereinigung der Axillaria und ihrer Vorgänger überhaupt nicht oder nur ganz schwach buckelig. Der Aussenrand der Radien zeigt keine Verdickungen, wohl aber kleine Kerben zwischen den einzelnen Gliedern. Die Radien weichen wenig oder garnicht auseinander und stehen somit manchmal in fester Berührung.

Nicht mehr als 30 Arme, gewöhnlich ungefähr 30. Sie sind lang und schlank, von glatter Oberfläche und kurzen Gliedern. Das erste Glied fast rhombisch, mit dem Nachbargliede eng vereinigt, das zweite ein Bisschen länger aussen wie innen; das dritte (Syzygie) beträchtlich kürzer als breit. Dann vier kurze, scheibenförmige Glieder, und darauf eine Reihe fast dreieckiger, die weiterhin in stumpfer keilförmige übergehen. Die äusseren Glieder sind mehr rechteckig und die letzten fast quadratisch.

Erste Syzygie im dritten Brachiale; die nächste vom 13. bis 22. und die folgenden in Zwischenräumen von 5—12, gewöhnlich acht bis neun Gliedern.

Die unteren Pinnulae sind an allen Armen gleich stark und ebenso an beiden Armseiten von nahezu gleicher Länge. Sie sind ziemlich steif, obwohl

---

Charakter der *Antedon breviuncata* Carp. zu halten, wurde ich bestärkt durch eine Anzahl Exemplare von den Mortlock-Inseln, die ohne Ausnahme diese Eigenthümlichkeit sehr scharf entwickelt zeigen. Hinzu kam, dass mir Herr Dr. P. H. Carpenter brieflich mittheilte, dass er ein ihm zur Ansicht geschicktes Brock'sches Exemplar nicht für *Ant. breviuncata* halte.

Wenn ich nun trotzdem die in meiner vorläufigen Mittheilung bereits beschriebene Art *Antedon amboinensis* Nob. wieder einziehe, so folge ich darin meiner ursprünglichsten Ansicht über die Frage. Veranlassung dazu gab ein zweiter Brief Carpenter's, der mich bestimmte, das in Göttingen befindliche Material von Amboina und den Mortlock-Inseln einer nochmaligen genauen Vergleichung zu unterwerfen.

niemals griffelförmig gestreckt. Auch das erste Paar kann ziemlich steif sein.
Seine Pinnulae sind schlank und bestehen aus 16—20 länglichen Gliedern,
welche am Ende der Pinnula sehr dünn werden. Sie sind beträchtlich kürzer
als das folgende Paar, das seinerseits bedeutend dicker und steifer ist. Die
Länge desselben beträgt 10—12 mm, und es besteht aus 12—20 allmählich
dünner werdenden Gliedern, von denen die meisten länger wie breit sind.
Das nächste Paar (sechste und siebente Brachiale) ist gewöhnlich kürzer und
verjüngt sich stärker, aber es ist stets länger und dicker wie das erste Paar.
Die Länge der beiden folgenden Paare nimmt noch ab. Das sechste Paar
misst etwa 5 mm und erst vom siebenten an nimmt die Länge wieder zu,
bis sie etwa 8 mm erreicht. — Sacculi an den Pinnulae dicht stehend.
Scheibe: stark eingeschnitten. 14- 16 mm Durchmesser. Klafterung:
15--21 cm. Färbung: Centrale Partie des Skeletts hell gelblich braun oder
graubraun; an den Armen dunkle und helle Schattirungen von braun abwechselnd.
Scheibe: dunkel graubraun mit grau gescheckt oder eintönig graubraun — oder
centrale Partieen des Skeletts weiss oder hell bräunlich weiss; die äussere
Cirrushälfte dunkelbraun, mit Ausnahme der terminalen Klaue, die auch weiss
ist; an den Armen breite Binden von weiss oder hell graubraun mit dunkleren
abwechselnd. Scheibe: dunkel graubraun mit weiss oder hell bräunlich weiss
gescheckt. Fundort: Amboina. Fünf Exemplare. Die beschriebenen fünf
Exemplare unterscheiden sich von dem Leydener Orginal durch eine geringere
Armzahl, vor Allem aber, wie in der Note bereits gesagt wurde, durch den
Mangel einer Abplattung an der Aussenseite der Radien. Mithin ist diese
für die Palmata-Gruppe so auffallende Eigenthümlichkeit nicht als constanter
Charakter der Species aufzufassen. Sehr ausgeprägt fand ich denselben bei
einer Anzahl Exemplare von den Mortlock-Inseln, die sich theils im Hamburger,
theils im Göttinger Museum befinden. Dieselben zeichnen sich durch dunkel
purpurviolette Färbung aus und heller grauviolette Partieen auf den Armen.
Der Alcohol, in dem sie sich befanden, war stark roth gefärbt. Ihre Cirren
sind ziemlich dünn und kurz, 11 mm lang. Eigenthümlich sind die Pinnulae
des vierten Brachiale. Sie sind manchmal stark gekrümmt, manchmal ganz
gerade, fast dornförmig. Sie sind immer dünn und auch an ihrer Basis nicht
besonders verdickt, wie dies Carpenter von dem Leydener Originale angiebt;
ihr Ende läuft in eine sehr feine Spitze aus. Sie sind ähnlich denen von

Antedon imparipinna Carp. manchmal an den äusseren Armen des Radius länger als an den inneren.

In Bezug auf die Armzahl, die sechs für jeden Radius beträgt, gleichen die Amboina-Exemplare nicht dem Carpenterschen Originale, dessen Radien achtarmig sind, sondern *Antedon similis* Carp. Carpenter hat diese Species wie er schreibt „with some hesitation" von *Antedon brevicuneata* getrennt, mit der sie die Abplattung an den Seiten der Radien theilt. Die Exemplare von den Mortlock-Inseln stehen in der Mitte zwischen beiden Arten. Sie besitzen nämlich sechs Arme an jedem Radius, was charakteristisch für *Antedon similis* sein soll und vollkommen sichtbare zweite Radialia, wodurch sich nach Carpenter *Antedon brevicuneata* vor der anderen Art auszeichnet. In der relativen Länge der vierten Pinnula, welche für die Unterscheidung der beiden Arten ebenfalls von Bedeutung genannt wird, zeigen die von mir gesehenen Exemplare das angeblich für *Antedon brevicuneata* charakteristische Verhalten, indem sie beträchtlich geringer ist als die der dritten. Diese ihrerseits ist gelegentlich ebenso lang wie die zweite. Die zweite Pinnula aber misst nicht selten 15 mm, so dass Carpenter auch darin wohl irrt, dass *Antedon brevicuneata* im Allgemeinen kürzere untere Pinnulae besässe wie *Antedon similis*, deren zweite Pinnula nach ihm 14 mm lang ist. Der Unterschied würde sich, wenn constant, auf die relative Länge der vierten Pinnula (achte Brachiale) beschränken.

22) **Antedon elongata** J. **Müller.** (Taf. 4. Fig. 47.)

Comatula elongata J. Müll. l. c. p. 257.

P. H. Carpenter, Notes from the Leyden Museum Vol. III, p. 185.

Das Centrodorsale ist eine Scheibe von mittlerer Grösse, flacher Oberfläche und reichlich 20 Cirren, die durchaus randständig sind und etwa 15 mm messen. Sie sind ziemlich breit an ihrer Basis, aussen aber dünner und mehr comprimirt. 22—27 Cirrusglieder, von denen das sechste und die darauffolgenden drei Glieder ein Bisschen länger, wie breit sind. Die zehn oder elf letzten Glieder tragen kleine Dornen; das vorletzte einen ziemlich starken.

Erste Radialia oben sichtbar in den Winkeln der Radien; zweite kurz und breit, seitlich mit einander vereinigt; die Axillaria kurz, breit pentagonal oder fast dreieckig. Die Radien weichen nicht auseinander, sondern berühren

sich mit ihren Aussenkanten. Sie theilen sich nicht mehr wie dreimal, und
zwar entspringen die vorhandenen palmaren Stämme nur von der Aussenseite
der distichalen Axillaria. Sämmtliche Theilungsserien zweigliederig, das
Axillare ohne Syzygie und aussen länger, wie innen. Die Verbindungen der
Axillaria mit dem vorangehenden Gliede schwach buckelig.

Ungefähr 25 ziemlich lange, schlanke Arme von glatter Oberfläche
und ziemlich kurzen Gliedern. Das erste Glied ist rhombisch, fast ganz mit
dem Nachbargliede vereinigt; das nächste ist nahezu gleich gross, ist aber
beträchtlich länger aussen wie innen. Das dritte breiter wie lang, dann fünf
oder sechs scheibenförmige Glieder. Die Oberfläche dieser Armpartie ist uneben in Folge davon, dass die Verbindung von je zwei Gliedern auf der einen
Armseite eine Einsenkung bildet und auf der anderen eine Erhabenheit. Es
wechseln so auf jeder Armseite Hügel und Thäler mit einander ab, wodurch
die Oberfläche hier ein runzeliges, gefaltetes Aussehen erhält, was sehr
charakteristisch für die Art ist. Die folgenden Glieder sind dreieckig, sie
werden weiterhin stumpfer keilförmig und dann wieder ziemlich scheibenförmig.
Die letzten Glieder sind annähernd quadratisch.

Erste Syzygie im dritten Brachiale, die nächste vom 14. bis 21. und
die folgenden in Zwischenräumen von 6—8 Gliedern.

Die Pinnula des zweiten Brachiale misst ungefähr 9 mm, ist ziemlich
dick an ihrer Basis und in ihrer äusseren Hälfte sehr dünn und zart. Die
des dritten Gliedes ist beträchtlich kleiner, die zwei folgenden Paare sind ungefähr 12 mm lang. Ihr Grössenunterschied ist sehr gering, das letzte von
beiden (6. und 7. Brachiale) ein Bisschen länger wie das andere. Sie bestehen aus etwa 25 Gliedern, von denen einige ein Bisschen länger wie breit
sein können. Die Länge der drei folgenden Paare nimmt noch ab. Die
äusseren Pinnulae werden 7 mm lang. — Sacculi: an den Pinnulae sehr
dichtstehend. Scheibe: 15 mm Durchmesser, eingeschnitten. Klafterung:
20 cm. Färbung: Skelett und Scheibe einfarbig dunkel graubraun; nur das
Centrodorsale, die Cirren und die Enden der Arme heller chocoladebraun.
Fundort: Amboina. Ein Exemplar.

Unser Exemplar unterscheidet sich von dem in Leyden befindlichen
Originale aus Neuguinea in verschiedener Beziehung, und ehe ich nicht an
Ort und Stelle beide mit einander verglichen hatte, war die specifische Iden-

titüt derselben sehr zweifelhaft für mich. Das Centrodorsale des Göttinger
Exemplars ist zunächst ganz flach, es hat 20—25 Cirren, während das des
Leydener „moderately thick convex“ ist und 30 Cirren besitzt. Die Radien
des Leydener Exemplars sind „well separated“, während sie sich bei dem
unserigen berühren. Die Lage der zweiten Syzygie giebt Carpenter an als
„usually between 8 and 17“, während ich sie nicht diesseits des 14. Gliedes
fand. Sodann wird von den Pinnulae des neunten und zehnten Brachiale gesagt, sie seien „a good deal smaller than that on the right, but larger than
the first pair“, während ich sie stets kleiner, als die Pinnula des zweiten
Brachiale sah, und auch durchaus nicht grösser, als die des dritten, welche
manchmal etwas schwächer ist, als die des zweiten. Schliesslich sind die
distalen Pinnulae des Armes am Leydener Exemplare beträchtlich länger, als
bei dem unserigen, denn Carpenter schreibt: „They never exceed the
length of the third pair“, mit anderen Worten, dass sie die Länge desselben
gelegentlich erreichen. Bei dem Göttinger Exemplar ist dies nie der Fall. —
Indessen scheinen mir die angeführten Unterschiede nicht bedeutungsvoll
genug, um auf sie eine Trennung in zwei Arten zu begründen, vielmehr sei
betont, dass der allgemeine Habitus ein ganz ähnlicher ist und dass namentlich die unebene gefaltete Oberfläche des Armes an seiner Basis der Species
ein eigenthümliches Gepräge verleiht. Die Art ist in jeder Hinsicht sehr nahe
mit *Antedon flagellata* Carp. verwandt, unterscheidet sich aber von ihr durch
die eben erwähnte Eigenschaft und durch die sehr verschiedene Form der
Centrodorsale, auch ist ihre Armzahl viel geringer, als bei jener. — *Antedon
elongata* scheint eine seltene Form zu sein, denn das einzig bis jetzt bekannte
Exemplar war der Müller'sche Typus im Museum zu Leyden, auch habe
ich unter den Berliner und Hamburger Comatuliden kein zweites gesehen.

23) Antedon flagellata J. Müll. (Taf. 4. Fig. 45.)

Comatula flagellata J. Müll. l. c. p. 263.
P. H. Carpenter, Notes from the Leyden Mus., Vol. III. p. 183.
Syn.: *Antedon pulcher* Ltk. M. S.

Centrodorsale gross und dick, mit gewölbten Seiten und tief eingesenkter cirrusfreier Oberfläche. Ungefähr 30—35 Cirren in zwei oder drei
unregelmässigen Reihen. 25—30 Cirrusglieder: das sechste und die vier

folgenden sind ein Bisschen länger wie breit. Die dann kommenden sind kürzer, ziemlich alle von gleicher Grösse und haben kleine, nach vorn gerichtete Dornen, die gewöhnlich mit breiter Basis der vorderen Hälfte des Gliedes aufsitzen. Die längsten Cirren sind 25 mm lang.

Erste Radialia oben sichtbar in den Winkeln der Radien: zweite breit und kurz, mehr oder weniger vollständig mit den Nachbargliedern vereinigt: die Axillaria kurz, breit pentagonal oder fast dreieckig: die Radien sind frei seitlich oder berühren einander. Sie theilen sich dreimal, so dass in der Regel ein jeder acht Arme besitzt. Sämmtliche Stämme zweigliederig, das Axillare ohne Syzygie. Auf den Verbindungen der Axillaria mit dem vorangehenden Gliede ein ziemlich starker Buckel. Keine Verdickungen an den Aussenwänden der Radien.

40 oder fast 40 Arme von glatter Oberfläche und kurzen Gliedern. Das erste Glied rhombisch oder fast so, ganz vereinigt mit dem Nachbargliede. Das zweite ist kürzer und ein wenig länger aussen wie innen. Das dritte Glied (Syzygie) ist quadratisch: dann fünf oder sechs kurze, scheibenförmige Glieder und darauf eine Reihe dreieckiger, die weiterhin in stumpfe, keilförmige übergehen und schliesslich mehr quadratisch werden. Die vier oder oder fünf untersten Armglieder haben in der Regel etwas abgeplattete äussere Seiten.

Erste Syzygie im dritten Brachiale, die nächste vom 16. bis 22. und die folgenden meist in Zwischenräumen von 11—13 Gliedern.

Die Pinnulae des zweiten und dritten Brachiale sind sehr zart und dünn, etwa 11 mm lang. Das nächste Paar ist bedeutend länger, aber immer kürzer wie das dritte Paar, welches das längste und dickste ist. Die Pinnula des sechsten Brachiale erreicht 18 mm und besteht aus 25—30 Gliedern, die mit Ausnahme der basalen länger wie breit sind. Das vierte Paar ist fast stets kürzer, variirt aber sehr in der Länge und kann sogar länger wie das vorhergehende sein. — Es folgen eine ganze Reihe kleiner Pinnulae von ziemlich gleicher Grösse, und erst vom 15. oder 16. Paare an kann man eine Längenzunahme bemerken. Die äusseren Pinnulae messen ungefähr 9 mm. — Scheibe: nicht erhalten, wahrscheinlich ungefähr 14 mm. Klafterung: circa 18 cm. Färbung des Skeletts: dunkelbraun oder hell chocoladebraun, die centrale Partie zuweilen ganz hell bräunlich-weiss. Fundort: Singapore. Zwei Exemplare, Berlin, durch Jagor. — Ein Exemplar, Göttingen, durch Ed. v. Martens.

Das einzige bisher bekannte Exemplar dieser Art war das von J. Müller und später Carpenter beschriebene im Leydener Museum. Sein Fundort war unbekannt, aber Carpenter vermuthete ganz richtig, dass es „orientalisch" sei. Die Exemplare von Singapore, welche ich untersuchte, sind weniger gross, als das Leydener, übrigens aber von durchaus ähnlichem Habitus. Sehr charakteristisch scheint mir die Form des Centrodorsale zu sein. Es ist sehr gross und dick und Carpenter's Bezeichnung „moderately thick" scheint mir auch für das Leydener Exemplar, das ich persönlich untersuchte, nicht ganz zutreffend zu sein. Im Gegensatze zu diesem haben die Centrodorsalia meiner Exemplare stark eingesenkte Oberflächen, und ihre Cirruszahl ist nicht 40, wie bei jenem, sondern kaum mehr, wie 30—35. Postpalmare Serien, wie bei dem Leydener, sind bei keinem meiner Stücke vorhanden. Die Art ist leicht kenntlich dadurch, dass die dritte Pinnula länger als die zweite ist, eine Eigenschaft, die sie unter den Arten der *Palmata*-Gruppe nur mit *Antedon elongata* J. Müll. theilt. — Im Hamburger Museum fand ich ein Exemplar unter dem Lütken'schen M. S.-Namen *Antedon pulcher* von den Palau-Inseln.

Die Spinifera - Gruppe.

„Arten mit zweigliederigen Distichalstämmen, deren radiale Axillaria und zunächst folgende Glieder abgeplattete Seiten haben und deren Pinnulae ein deutliches Ambulacral-Skelett besitzen." (Carpenter.)

Auf Amboina wurde keine hierher gehörige Art gesammelt: die Gruppe umfasst meist in grösseren Tiefen lebende Formen, die im Wesentlichen dem Caraibischen Meere angehören. Nur einzelne Arten, wie z. B. die an der Ostküste Australiens vorkommende *Antedon macronema*, bilden eine Ausnahme von dieser Regel und zu ihnen gesellt sich jetzt eine neue Species, die von Herrn Dr. Hilgendorf bei Japan gesammelt wurde. Das leider sehr zerbrochene einzige Exemplar derselben befindet sich in der Berliner zoologischen Sammlung.

Die Gruppe umfasst jetzt im Ganzen 12 beschriebene Arten.

24) **Antedon conifera n. sp.** (Taf. 4. Fig. 46. Taf. 5. Fig. 51, 56.)

Das Centrodorsale ist conisch und hat eine ziemlich weite, sternförmige Basis, deren fünf Ecken interradial liegen und ventralwärts vorspringen. Beinahe 40 Cirrusdillen, die zu je 4 in 10 verticalen Reihen stehen. Die Reihen sind geschieden durch ziemlich niedrige radiale und interradiale Leisten, von denen die letzteren auf die Ecken der pentagonalen Basis zulaufen. Die zehn Leisten sind von gleicher Höhe und Stärke; nur die radialen verbreitern sich ein wenig an ihrem unteren Ende. Ziemlich dicke, sich nur wenig verdünnende Cirren von ungefähr 45 mm Länge. Sie sind etwas comprimirt und haben, wenn trocken, das Ansehen von Elfenbein. Ungefähr 70 Glieder; die 5 oder 6 untersten davon sind kurz, dann eines, welches länger als breit ist, und 3—4, die quadratisch sind; der Rest ist kürzer, besonders gegen das Cirrusende. Von der Seite gesehen haben die Cirren einen tief gesägten dorsalen Rand vom etwa 15. Gliede an, er beruht auf dem Vorhandensein von dorsalen Tuberkeln. Keine eigentlichen Dornen, ausgenommen am vorletzten Gliede.

Erste Radialia gerade sichtbar in den Winkeln der Radien; zweite kurz, seitlich ganz vereinigt: Axillaria rhombisch. Zwei Distichalia, das Axillare ohne Syzygie. Auf der Mitte der Verbindung zwischen den Axillaria und dem ihnen vorangehenden Gliede eine Erhebung. Die Radialia, Distichalia und erste Brachialia haben abgeplattete Seiten.

20 dicke Arme von unebener Oberfläche. Das erste Brachiale kurz, rhombisch, seitlich ganz vereinigt mit dem Nachbargliede; das zweite ein gut Theil länger und länger aussen wie innen; das dritte ungefähr quadratisch. Dann sechs oder sieben abgestumpft keilförmige Glieder, und diesen folgt eine Reihe dreieckiger, deren distaler Rand mit alternirend seitlich gelegenen Vorsprüngen auf das nächste Glied übergreift. Weiterhin abgestumpfte, keilförmige Glieder, die schliesslich mehr und mehr quadratisch werden. Alle Glieder, mit Ausnahme der beiden ersten, haben vorstehende, fein gezähnte

distale Ränder, die übergreifen. Der äusserste Theil des Armes hat eine scharfe, dorsale Längsleiste.

Erste Syzygie im 3. Brachiale; die nächste vom 18. zum 25., gewöhnlich im 25. Gliede, und die folgenden in Zwischenräumen von 3—7 Gliedern. Die syzygialen Verbindungen sind nicht glatt, sondern fast ganz wie die gelenkigen.

Die Pinnulae des zweiten und dritten Brachiale sind schlank und verdünnen sich nach den etwas verbreiterten basalen Gliedern rasch. Sie erreichen ungefähr 11 mm Länge und bestehen aus 15—20 der Mehrzahl nach länglichen, cylindrischen Gliedern. Die drei folgenden Paare nehmen allmählich an Länge ab: die kleinste Pinnula ist die des neunten Brachiale mit 4 mm. Die Glieder dieser Pinnulae sind flacher und breiter als die des ersten Paares. Die übrigen Pinnulae erreichen die Länge von 11 mm und sind ausgezeichnet durch breite, flache Glieder. — Sacculi spärlich und klein; die Ambulacralrinne der Pinnulae ausgesprochen getäfelt mit Deck- und Seitenplatten. Scheibe: 14 mm Durchmesser. Klafterung: vermuthlich etwa 14 cm. Färbung: Skelett: bräunlich weiss. Scheibe: dunkler braun. Fundort: Japan. Ein Exemplar. Berlin, durch Dr. F. Hilgendorf.

Die Erhaltung des dieser Beschreibung zu Grunde gelegten Exemplares ist leider eine sehr schlechte. Die sämmtlichen Cirren und Arme haben sich von dem Kelch gelöst. Die Pinnulae sind im Allgemeinen nicht erhalten. Nur die proximalen Theile der Radien mit den Theilungsstämmen sind gut conservirt. — Von den übrigen Arten der *Spinifera*-Gruppe steht die von den Ki-Inseln stammende *Antedon quinquecostata* Carp. unserer neuen Species am nächsten. Auch sie ist ausgezeichnet durch eine grosse Anzahl Cirrusglieder und eine bestimmte Anordnung der Cirren. Bei ihr ist das Centrodorsale aber mehr säulenförmig und ihre Cirren stehen nicht in zehn Verticalreihen, sondern in fünf Doppelreihen, denn fünf von den zehn Längsleisten, durch welche die Cirrusreihen von einander getrennt werden, zeichnen sich durch besondere Stärke aus. Der wichtigste Unterschied ist aber der, dass die Arme von *Antedon quinquecostata* einen scharfen, medianen Kiel haben, während ein solcher bei unserer Art nur an den äussersten Enden der Arme etwas nachzuweisen ist.

Herr Dr. Hilgendorf, mit dem ich persönlich über diese Art sprach, glaubte sich zu erinnern, dass dieselbe aus grösserer Tiefe gefischt sei.

25) **Antedon macronema Müll.**
Challenger-Report XXVI. p. 212.

Das Göttinger Museum enthält ein Exemplar dieser Species von Sydney. Bemerkenswerth ist an ihm die unregelmässige Lage der ersten Syzygie, die zwischen dem 3., 4. und 6. Brachiale wechselt.

Ich möchte hier eine Art anreihen, die wir in eine der beiden vorstehenden Gruppen aufzunehmen nicht berechtigt sind, wiewohl sie nicht minder zu Carpenter's dritter Serie gehört.

26) **Antedon Andersoni Carp.** (Taf. 3. Fig. 36.)
1889. P. H. Carpenter. Comatulae of the Mergui Archipelago in Linn. Soc. Journ.
Zoology, Vol. XXI. p. 306.
Syn.: *Antedon polypus* Ltk. M. S.

Centrodorsale gross und dick, seitlich gewölbt, mit ziemlich tiefer, cirrusfreier Einsenkung in der Mitte. Etwa 50 Cirren in drei Reihen. Die Cirren sind dick und werden bis 87 mm lang. Nach ihrem proximalen Drittel werden sie zunehmend comprimirt. Sie bestehen aus etwa 80 ziemlich gleichförmigen Gliedern. Ihr distaler und dorsaler Rand beginnt im zweiten Drittel des Cirrus als eine mit feinen Dornen besetzte kräftige Querleiste stark vorzutreten. Weiterhin treten an Stelle dieser Leisten zwei nebeneinander stehende Dornen, und schliesslich gegen das Ende des Cirrus trägt jedes Glied einen starken Dorn, der distalwärts gerichtet ist.

Die ersten Radialia nur in den Winkeln der Radien ein wenig sichtbar; die zweiten seitlich vollkommen frei; die Axillaria sind pentagonal und etwa 4 mm lang; ihre freien Seiten sind länger als das zweite Radiale. Sämmtliche Theilungsserien bestehen aus zwei ziemlich gestreckten Gliedern, von denen das erste fast so lang ist als das Axillare und letzteres stets einen sehr weiten, distalen Winkel hat. Die Gesammtlänge der beiden Distichalia beträgt etwa 6 mm. Schwache, niedrige Buckel auf der Vereinigung der Axillaria und des ihnen vorangehenden Gliedes. Die von Axillarien entspringenden beiden Glieder sind theilweise mit einander vereinigt. Keines der Axillaria hat eine Syzygie. Die Radien theilen sich 5, einzeln sogar

6 mal, so dass also drei postpalmare Serien vorhanden sein können. Die Radien weichen an ihrem Ursprung ziemlich stark auseinander, berühren sich aber wieder an der Basis ihrer äusseren Arme. Der Zwischenraum wird ausgefüllt durch die dorsale Decke der sehr grossen Scheibe.

Etwa 90 Arme. Sie sind vollkommen glatt und in ihrem proximalen Drittel, besonders aber an ihrem Ursprunge, stark comprimirt, was sich weiterhin mehr verliert. Das erste und zweite Glied sind schmal und lang; das dritte (Syzygie) noch länger, dann 8 oder 9 Glieder, die nur wenig länger wie breit sind; sie sind rechteckig. Darauf werden die Glieder schnell kürzer und bekommen die Form stark abgestumpfter Keile. In der distalen Armhälfte sind die Glieder ganz kurz und mehr scheibenförmig.

Erste Syzygie im dritten Brachiale; zweite gewöhnlich um das 50. Glied herum; dann in Zwischenräumen von 7—12 Gliedern.

Die äusseren Arme jeder zu einem palmaren Axillare gehörenden Armgruppe tragen an ihrem zweiten Gliede eine sehr lange Pinnula, während die entsprechenden Pinnulae der Zwischenarme kurz sind. Es gehören mithin zu jedem Radius acht lange Pinnulae, die von einem zweiten Brachiale entspringen. Sie messen 35—40 mm und bestehen aus circa 50 länglichen Gliedern. Die entsprechenden Pinnulae der anderen Arme sind nur 8 mm lang. Die Pinnula des dritten Brachiale misst etwa 6 mm, die des vierten Brachiale 7 mm; die drei folgenden Paare sind annähernd gleich gross und 5—6 mm lang. Vom sechsten Paare an nehmen die Pinnulae an Länge zu, bis sie etwa 16 mm erreichen. — Sacculi an den Pinnulae gross und dicht stehend. Scheibe: 49 mm Durchmesser, stark eingeschnitten; getäfelt. Die Ränder der Ambulacralrinnen sind dick gewulstet und überwölben in der Nähe des Mundes dieselben vollständig. Analrohr lang. Klafterung: 35 cm. Färbung: dunkelbraun. Fundort: Palau-Inseln. Drei Exemplare. Hamburg. Durch das Museum Godeffroy. (Eines davon jetzt in Göttingen.)

Die obige Beschreibung war bereits fertig, als ich durch die Güte des Verfassers seine kürzlich erschienene Abhandlung über die Comatulae des Mergui-Archipels erhielt. Es genügte ein Blick auf die darin gegebenen vortrefflichen Abbildungen der neuen Species *Antedon Andersoni*, um sofort die Identität mit den von mir beschriebenen Hamburger Exemplaren von *Antedon polypus* Ltk. M. S. zu erkennen. Da jedoch die Carpenter'sche Beschreibung seines Exemplares von den King Islands beträchtlich abweicht von der meinigen, die nach drei von den Palau-Inseln stammenden entworfen wurde, so glaubte ich letztere unverändert hier publiciren zu sollen.

Wenn ich die Carpenter'sche Beschreibung mit dem Exemplar von *Antedon Andersoni* vergleiche, welches von Hamburg an das Göttinger Museum gekommen ist, so muss ich zunächst bestreiten, dass die Verbindung des zweiten Radiale mit dem Axillare eine syzygiale ist. Nicht nur unterscheidet sich diese Verbindung äusserlich in keiner Weise von den anderen Gelenk-verbindungen, sondern das Axillare ist sogar ziemlich stark gegen das zweite Radiale beweglich. Es kann somit unmöglich die neue Art zu Carpenter's „*Elegans group*" gerechnet werden, wie es der Autor auf Grund seiner, wie mir scheint, irrthümlichen Ansicht über die fragliche Verbindung, allerdings nicht ohne Bedenken, thut.

Auffallend war ferner, dass Carpenter eine bei meinen Exemplaren sofort in die Augen stechende Eigenschaft nicht erwähnt, dass nämlich die zweiten Brachialia der äusseren Arme einer jeden palmaren Armgruppe eine viel längere Pinnula tragen als die der inneren Arme, dass mithin jeder Radius acht sehr lange Pinnulae besitzt. Dass dies Verhalten unbemerkt blieb, hat, wie mir der Autor schreibt, daran gelegen, dass das Original-Exemplar nicht gut erhalten ist und die unteren Pinnulae an ihm der Mehr-zahl nach abgebrochen sind.

Die Milberti-Gruppe.

„Das erste Paar Pinnulae relativ klein und die sie zu-zammensetzenden Glieder nur wenig länger wie breit: eine oder mehrere Pinnulae des zweiten, dritten und vierten Paares sind länger und massiver mit dickeren Gliedern als die darauf folgenden." (Carpenter.)

Obwohl das Hauptverbreitungsgebiet dieser mehr oder minder littoralen Gruppe das westliche Polynesien ist, hat Professor Brock auf Amboina nur eine hierher gehörige Art gesammelt und von dieser nur ein einziges Exemplar. Es ist *Antedon perspinosa* Carp., eine sehr charakteristische, aber, wie es scheint, seltene Form, deren Original-Exemplar von der Insel Jobie stammt und dem Leydener Museum gehört.

Unter dem von Berlin erhaltenen Materiale befand sich die neue Art *Antedon japonica*, eine nahe Verwandte der Carpenter'schen Species *serripinna*, von der ich im Hamburger Museum Gelegenheit hatte, eine ganze Anzahl zu untersuchen.

Eine durch ihre Grösse und aussergewöhnlich massive Structur abweichende Art ist die ebenfalls in Hamburg befindliche *Antedon afra* (Ltk. M. S.) n. sp. von Bowen. Wenn Carpenter besonders betont, dass seine *Milberti*-Gruppe einstweilen etwas heterogene Elemente enthalte, so hat das seine volle Geltung auch für diese Art, die ich nicht ohne Bedenken in dieselbe aufnehme.

Als Synonyme bereits bekannter Species erwiesen sich *Antedon Loreni* Bell. und *lacripinna* Carp.

Die Zahl der bekannten Arten beträgt jetzt 14.

27) Antedon Milberti J. Müll.

Comatula Milberti Müll. l. c. p. 19.

P. H. Carpenter, Challenger-Report XXVI. p. 194. Pl. XXXV; ferner in: Linn. Soc. Journ. Vol. XXI. p. 310. 1890.

Syn.: *Antedon lacripinna* Carp., Comatulae of the Hamburg Museum in: Journ. Linn. Soc. Vol. XVI. p. 502

Ich hatte Gelegenheit, zwei aus Atjeh stammende Exemplare dieser Art vom Leydener Museum zu untersuchen, sowie mich in Hamburg davon zu überzeugen, dass das dort befindliche Original-Exemplar von *Antedon lacripinna* Carp. identisch mit der obigen Species ist. Herr Dr. Carpenter erkennt diese Thatsache ebenfalls an und hatte die Freundlichkeit, mir dies brieflich zu bestätigen. Das Hamburger Exemplar ist nach ihm dadurch bemerkenswerth, dass die Glieder des zweiten und dritten Pinnula-Paares nicht so dick und so lang sind wie gewöhnlich, eine Beobachtung, die ich nach meinem Vergleiche mit einem der beiden Leydener Stücke vollkommen zutreffend fand. Dass gerade *Antedon lacripinna* sich als Synonym einer früher bekannten Form erweist, ist um so angenehmer, als sie zu den Arten gehörte, die Carpenter in seinem Report keiner der von ihm aufgestellten Gruppen einzureihen vermochte.

Die beiden von Atjeh stammenden Exemplare unterscheiden sich namentlich durch ihr Centrodorsale und die daran sitzenden Cirren. Dasselbe ist bei dem einen vollkommen halbkugelig, bei dem anderen viel flacher und von weiterem Durchmesser. Das erstere hat 15 Cirren mit höchstens 33 Gliedern, das andere 25 Cirren mit ungefähr 50 Gliedern. Der starke Höcker auf der Verbindung der beiden ersten Armglieder ist sehr charakteristisch, obwohl auch ein Bisschen schwankend in der Stärke seiner Ausbildung. Zu variiren scheint auch die Form der Armglieder: dieselben sind bei dem einen Exemplare beträchtlich kürzer als bei dem anderen. — Die Färbung beider ist hell-graubraun, ganz wie das Original der Exspecies *laeripinna*.

28) **Antedon serripinna Carp.** (Taf. 5. Fig. 48.)

P. H. Carpenter. Notes from the Leyden Museum Vol. III. p. 182. — Challenger-Report Vol. XXVI. p. 193.

Syn.: *Ant. capulifera* Ltk. M. S.

Centrodorsale flach scheibenförmig mit glatter, manchmal leicht eingesenkter Oberfläche. Ungefähr 20 durchaus randständige Cirren in einer Reihe. Sie sind etwa 11 mm lang und bestehen aus etwa 20 ziemlich gleichförmigen Gliedern mit breiter Rückenfläche. Fast sämmtliche Glieder sind breiter wie lang. In der proximalen Cirrushälfte überragen ihre distalen Ränder die Basis des folgenden Gliedes. Die Rückenfläche der äusseren Glieder trägt eine ganz schwache Querleiste. Der Dorn des vorletzten Gliedes manchmal nur schwach entwickelt.

Erste Radialia nur in den Winkeln der Radien ein wenig zu sehen: zweite sehr kurz, frei seitlich oder in loser Berührung. Axillaria kurz, pentagonal oder fast dreieckig. Auf ihrer Verbindung mit dem zweiten Radiale einer kleiner Buckel.

10 Arme von unebener Oberfläche. Die ersten Glieder ziemlich kurz, seitlich vereinigt. Die zweiten annähernd gleich gross, etwas länger aussen wie innen. Die dritten (Syzygie) grösser und länger innen wie aussen; dann einige kurze, scheibenförmige Glieder, auf welche eine lange Reihe ziemlich kurzer dreieckiger folgt. Das erste und zweite Glied bilden auf ihrer Vereinigung ein Knöpfchen. Die dreieckigen Glieder treten mit ihren distalen Rändern beträchtlich vor und greifen seitlich in alternirender Weise auf das

nächste Glied über. Auch die Verbindungen der ersten Armglieder sind nicht glatt. Die Glieder bleiben keilförmig bis fast an das Ende des Armes; hier werden sie abgestumpfter und schliesslich mehr quadratisch.

Erste Syzygie im dritten Brachiale; die Lage der nächsten individuell etwas variirend, häufig um das achte Glied herum; bei anderen erst im zwölften. Die folgenden Syzygien in Zwischenräumen von 2—3 Gliedern, bei anderen von 5—6.

In der proximalen Armregion pflegen die Glieder der Pinnulae mit ihren distalen Rändern die Basis des folgenden Gliedes zu überragen. Am ersten Paare tritt dies weniger hervor. Die Pinnula des zweiten Brachiale ist etwa 4 mm lang; die des dritten bedeutend kleiner. Die längsten und dicksten Pinnulae sind die des vierten und fünften Gliedes. Erstere misst etwa 6 mm und besteht aus circa 14 ziemlich kurzen Gliedern. Die Pinnulae des sechsten und achten Brachiale sind beträchtlich kleiner, aber etwa gleich lang unter einander. Dann folgt die kürzeste Pinnula. Die übrigen Pinnulae erreichen die Länge von 7 mm. Die basalen Glieder der unteren Pinnulae sind ziemlich stark verbreitert, und auch an den übrigen Pinnulae in der proximalen Armhälfte pflegt das zweite und dritte Glied besonders gross zu sein. — Sacculi an den Pinnulae dichtstehend. Scheibe: nicht erhalten. Klafterung: bis 12 cm. Färbung: hellbraun mit dunklen Bändern und Flecken an den Verbindungen der Armglieder. Cirren und Centrodorsale einfarbig, hellbraun. Fundort: Tonga-Inseln. 9 Exemplare; Hamburg, durch das Museum Godeffroy; (davon ein Theil jetzt in Göttingen).

Die hier beschriebenen Exemplare unterscheiden sich von dem im Leydener Museum befindlichen, von Andai (Neu-Guinea) stammenden Originale durch eine grössere Cirruszahl und eine andere Färbung. Dasselbe hat nämlich nur 12 Cirren und eine weisse Grundfarbe mit dunkel-rothbraunen Bändern auf den Armen. Die Gesammtfärbung unserer Exemplare ist dagegen eine sehr dunkle, weil die tief gefärbten Binden und Flecke auf den Armgliedern der mehr hellbraunen Grundfärbung das Gleichgewicht halten. Auch die Grösse der Tonga-Exemplare ist bedeutender, indem die Klafterung des von Neu-Guinea stammenden nur 6 cm beträgt. Nahe verwandt dieser Art ist *Antedon japonica* Nob. Die Fundorte der beiden Arten bezeichnen der eine die östliche, der andere die nördliche Verbreitungsgrenze dieser Gruppe.

29) **Antedon japonica n. sp.** (Taf. 5. Fig. 49.)

Centrodorsale eine mässig dicke Scheibe mit leicht eingesenkter Oberfläche und ungefähr 19 Cirren an seinem Rande, die in zwei Reihen stehen.
Etwa 20 ziemlich gleichförmige, kurze Glieder, von denen die sechs oder
sieben ersten breiter als lang sind; die folgenden nehmen an Länge allmählich
zu, und die äussersten sind ein klein wenig länger als breit und können
schwache, mit Dörnchen besetzte, transversale Leisten tragen. Die Cirren sind
in ihrer äusseren Partie etwas comprimirt.

Erste Radialia an den Winkeln der Radien ein klein wenig sichtbar,
zweite seitlich etwas vereinigt oder ganz frei; Axillaria ziemlich kurz, pentagonal; auf der Mitte ihrer Vereinigung mit dem zweiten eine schwache Erhebung. Einige Axillaria und die ersten zwei Armglieder haben Spuren
kleiner Hervorragungen an ihrem Aussenrande.

10 Arme von ziemlich rauher Oberfläche. Die acht oder neun ersten
Glieder haben ziemlich glatte Verbindung. Auf der Mitte der Vereinigung des
ersten und zweiten Brachiale eine leichte Erhebung. Das erste Brachiale
ist kurz, nahezu rhombisch und eng vereinigt mit dem Nachbargliede. Vom
zehnten an sind die Glieder abgestumpft keilförmig, ihre distalen Ränder
stehen etwas vor und greifen alternirend seitlich über. Sie werden gegen
das Armende allmählich immer kürzer und schliesslich mehr scheibenförmig.

Erste Syzygie im dritten Brachiale, die nächste vom achten zum elften,
gewöhnlich im achten, und die folgenden in Zwischenräumen von 1—4, oft
2—3 Gliedern. Gegen das Armende steigen die Zwischenräume auf 4—5
Glieder.

Die Pinnula des zweiten Brachiale nimmt nach den wenigen basalen
Gliedern rasch an Dicke ab. Diese neigen etwas zur Kielung. Die Pinnula
ist zwei Drittel oder gelegentlich fast eben so lang, wie die Pinnulae des
vierten und sechsten Brachiale, die weniger schlank sind und allmählicher
dünner werden. Sie haben wie die erste etwa 12 Glieder. Dieselben sind
ziemlich flach und breit. Die Länge dieser Pinnulae beträgt 5 mm. Die
drei ersten Pinnulae auf der Innenseite des Armes sind etwas kleiner, als die
entsprechenden auf der Aussenseite. Die Länge der beiden folgenden Paare
nimmt noch ab, dann aber werden die Pinnulae wieder grösser und erreichen

etwa 5 mm. — Sacculi: an den Pinnulae dichtstehend. Scheibe: nicht erhalten. Klafterung: ungefähr 8 cm. Färbung: Centrodorsale und Cirren einförmig hellbraun, Arme ebenso, aber mit dunklen Bändern an den Verbindungen der Glieder. Fundort: Japan. Ein Exemplar, Berlin, durch Dr. Hilgendorf.

Antedon japonica ähnelt in seinem Habitus sehr *Antedon serripinna* Carp., und es ist wohl möglich, dass eine genauere Kenntniss beider später zu ihrer Vereinigung führen wird. Unserer neuen Art fehlt gerade das, was Carpenter zu dem Namen „*serripinna*" veranlasste, nämlich das Ueberragen der einzelnen Glieder in den proximalen Pinnulae und die damit verbundene gesägte Aussenlinie der Pinnula. Hinzu kommt, dass die Pinnula des vierten Brachiale annähernd so gross, wie die des sechsten Gliedes ist, während sie sich bei *Antedon serripinna* durch bedeutendere Grösse auszeichnet. — Die Cirren unserer Art, die an und für sich durchaus denen der anderen Species gleichen, stehen nicht in einer, sondern in zwei Reihen.

30) **Antedon perspinosa Carp.** (Taf. 5. Fig. 54.)

P. H. Carpenter, The Comatulae of the Leyden Museum in Notes from the Leyden Museum Vol. III, p. 173.
Syn.: *Antedon Loreni* Bell.: Report. Zool. Collect. of H. M. S. Alert. London 1884, p. 158. Pl. X.

Das Originalexemplar dieser Species stammt von der Insel Jobie. Ein von Professor Brock auf Amboina gesammeltes Stück stimmt besonders durch seinen höchst charakteristischen, nicht zu verwechselnden Gesammthabitus durchaus mit ihm überein. Bemerkenswerth ist aber, dass die Art in der Form ihres Centrodorsale, in der Zahl ihrer Cirren und Cirrusglieder und in der relativen Länge ihrer unteren Pinnulae variirt.

Das Centrodorsale, welches Carpenter einfach als discoidal beschreibt, besitzt bei unserem Exemplar eine flache Einsenkung und trägt 16 randständige Cirren von etwa 23 mm Länge (gegen 20 Cirren bei dem Leydener Exemplare). Die Cirren haben 35—48 Glieder, die des Originals 60. Die längsten unteren Pinnulae sind die des sechsten und achten Brachiale; sie sind ungefähr gleich gross (15 mm) und bestehen aus 16 länglichen Gliedern.

Bei dem Leydener Exemplare ist die Pinnula des vierten Brachiale länger,
wie die des sechsten.

Antedon perspinosa ist eine sehr leicht kenntliche Species. Als die
besten Merkmale seien hervorgehoben, dass die Cirrusglieder der proximalen
Hälfte vortretende, dörnchentragende, distale Ränder besitzen, und die der
distalen Hälfte ein jedes zwei dorsale Dornen hat; ferner, dass die Glieder
der sehr steifen und gestreckten unteren Pinnulae ebenfalls dornige und vortretende distale Ränder haben und dass die Länge der äusseren Pinnulae eine
durchaus ungewöhnliche ist und die der unteren Pinnulae übertrifft. Sodann
trägt das dritte Brachiale keine Pinnula; dass letzteres auch an dem
Leydener Exemplare der Fall ist, hatte auf meine Bitte Herr Dr. R. Horst
in Leyden die Güte, für mich zu constatiren. Erwähnt sei allerdings, dass
unser Exemplar an vier Armen das gewöhnliche Vorhandensein einer Pinnula
am dritten Brachiale zeigt. Allein diese Arme sind klein und verkümmert,
und man sieht deutlich, dass dieselben durch Regeneration entstanden sind.
Das Normale ist also der Mangel einer Pinnula am dritten Brachiale, und
unsere Species gleicht in dieser Hinsicht *Ant. informis* Carp. und *Loreni* Bell.
Letztere Art, deren Originalexemplar von Port Denyson stammt, halte ich für
identisch mit *Antedon perspinosa* Carp.

31) Antedon afra (Ltk. M. S.) n. sp. (Taf. 5. Fig. 50. 52.)

Centrodorsale dick, scheibenförmig, mit schwach eingesenkter Oberfläche und 40—50 Cirren an seinem Rande, die in zwei, stellenweise auch
drei regelmässigen Reihen stehen. Die Cirren sind sehr dick und etwa 30 mm
lang. Sie bestehen aus circa 30 sehr gleichförmigen, dornenlosen, kurzen
Gliedern, von denen auch das vorletzte nur ganz einzeln einen schwachen
Dorn hat.

Erste Radialia ein wenig sichtbar, zweite kurz und breit, seitlich in
gegenseitiger Berührung; Axillaria kurz und dreieckig. Auf der Verbindung
beider ein schwacher Höcker.

Zehn sehr massive, lange Arme von rauher Oberfläche. Die Glieder
sind, mit Ausnahme der beiden ersten, scheibenförmig, vom neunten an sehr
kurz, mit stark vorstehenden, etwas wellig gebogenen, distalen Rändern, die
mit schwach vorragenden Spitzen alternirend auf das nächste Glied über-

greifen. Die etwa acht ersten Glieder haben glatte Verbindung und bilden — so namentlich Glied 2 und 3 — auf ihrer Vereinigung schwache Höcker von alternirend seitlicher Lage. Die beiden ersten Glieder beträchtlich grösser, als die übrigen und in seitlicher Berührung mit denen der anstossenden Radien.

Erste Syzygie im dritten Brachiale, dann gewöhnlich eine im achten, zuweilen schon im sechsten Gliede, die folgenden in Intervallen von zwei bis drei Gliedern; gegen das Armende hin werden die Zwischenräume grösser und betragen hier etwa acht Glieder.

Die Pinnula des zweiten Brachiale wird ungefähr bis 28 mm lang, die des dritten bis 20 mm. Beide sind in ihrer proximalen Hälfte mit der Scheibe verwachsen. Sie verdünnen sich stark in ihrem äusseren Theile und sind viel weniger massiv und fleischig, wie die folgenden. Die Pinnula des vierten und die des sechsten Brachiale sind nur wenig länger. Von nun an werden sie ganz allmählich kürzer, bis etwa zum Ende des ersten Armviertels, wo sie noch 14 mm messen. Alle diese Pinnulae, mit Ausnahme des ersten Paares, haben stark entwickelte Genitaldrüsen, die fast bis ans Ende der Pinnula reichen. Die Glieder der Pinnulae, soweit sie im Bereiche der Genitaldrüse liegen, sind relativ gross gegenüber denen, welche jenseits derselben das Endstück bilden. Während im zweiten Armviertel die Länge der Genitaldrüse stetig abnimmt, nimmt die der Pinnula als Ganzes wieder zu, und zwar dergestalt, dass die Pinnulae über ihre immer kürzer werdende proximale, genitale Region hinaus dünn und lang fadenförmig werden. Sie messen am Ende des zweiten Armviertels etwa 24 mm und bestehen hier aus etwa 60 länglichen Gliedern. Im dritten Armviertel nimmt die Länge der Pinnulae wieder etwas ab. (Die Armenden sind nicht erhalten.) — Scheibe: 25 mm Durchmesser, nicht eingeschnitten. Mund: excentrisch. Klatterung: wahrscheinlich 38 cm. Färbung: schwarz mit einem Stich ins Violette. — Fundort: Bowen. — Ein Exemplar. Hamburg, durch das Museum Godeffroy.

Die neue Species gehört zu den Arten, die, wie unter anderen *Antedon Milberti*, keine erhebliche Längendifferenz zwischen der zweiten und dritten Pinnula aufweisen. Sie ist eine sehr auffallende Form wegen ihres plumpen, massiven Baues. Bemerkenswerth sind ausserdem an ihr der häufige Mangel

eines Dornes am vorletzten Cirrusgliede, die durchaus scheibenförmigen Armglieder, von denen die beiden ersten sich durch besondere Grösse auszeichnen,
sodann die eigenthümliche plötzliche, fadenförmige Verdünnung der Pinnulae
am distalen Ende der Geschlechtsdrüse, durch welche sie an *Antedon Esch-
richti* erinnert.

_____

Die Tenella-Gruppe.

„Langgliederige untere Pinnulae" (Carpenter).

Von dieser vorwiegend atlantischen Gruppe wurde auf Amboina nur
die neue Species *Antedon nana* gesammelt. Im Hamburger Museum fand ich
später, dass sie identisch ist mit der Lütken'schen M. S. Art „*macropygus*".
Ebenfalls neu ist *Antedon Hupferi* von der Westküste Afrikas.

Die Tenella-Gruppe enthält mit diesem Zuwachs jetzt 19 Species.
Antedon hystrix Carp., deren nahe Verwandtschaft mit *Antedon prolixa* Duncan,
Sladen von dem Autor bereits betont wurde, betrachtet Carpenter einer
brieflichen Mittheilung nach jetzt als Synonym dieser Art.

32) **Antedon Hupferi n. sp.** (Taf. 5. Fig. 58, 59.)

Centrodorsale scheibenförmig von mässiger Grösse. Obere Fläche leicht
eingesenkt. An seinem Rande etwa 25 Cirren in 3 Reihen. Die Cirren sind
dünn und etwa 11 mm lang. Sie bestehen aus circa 15 ziemlich stark verlängerten Gliedern, von denen nur das vorletzte einen kleinen Dorn trägt.

Erste Radialia ein wenig sichtbar; zweite ziemlich breit und kurz.
Die Axillaria dreieckig mit sehr spitzem distalen Winkel. Die Basis des
Dreiecks in der Mitte ein wenig nach hinten ausgeschweift. Die Seiten
desselben leicht einwärts gekrümmt.

10 Arme von ziemlich glatter Oberfläche. Erste und zweite Glieder
länger aussen wie innen; drittes Glied annähernd quadratisch, doch etwas
länger innen wie aussen. Der proximale Rand des fünften und sechsten
Gliedes springt mit einer Spitze nach hinten vor. Vom etwa 10. an sind die
Glieder dreieckig. Ihr distaler Rand hat eine alternirend seitlich gelegene,
spitze Vorragung mit schwacher Tendenz, überzugreifen. Vom 20. an werden
die Glieder mehr trapezförmig. Die syzygialen Glieder sind lang.

Erste Syzygie im dritten Brachiale, dann eine im achten, und die folgenden in Zwischenräumen von zwei bis drei Gliedern.

Pinnula des zweiten Brachiale etwa 10 mm lang mit circa 20 stark verlängerten Gliedern, welche im äusseren Abschnitte der Pinnula mit ihrem distalen Dörnchen tragenden Rande die Basis des folgenden Gliedes überragen. Die Pinnula des dritten Brachiale etwa 6 mm lang mit ungefähr 12 Gliedern, für die dasselbe gilt. Die Pinnula des vierten Brachiale ist meist nur ein Drittel so lang als die des zweiten mit etwa acht Gliedern, von denen die drei basalen ziemlich verbreitert, die übrigen aber lang sind. Die darauf folgenden Pinnulae haben zunächst etwa die gleiche Länge und nehmen dann allmählich an Grösse zu, bis sie etwa 9 mm erreichen. — Sacculi an den Pinnulae klein und ziemlich weitläufig stehend. Scheibe: 7 mm Durchmesser, nicht eingeschnitten. Klafterung: 7 cm. Färbung: schmutzigweiss. Fundort: Wapoo (West-Afrika) 21 Faden, blauer Mudd. Ein Exemplar, Hamburg, durch Kapitän Hupfer.

Die neue Species ähnelt *Antedon loveni* in Bezug auf das Grössenverhältniss der unteren Pinnulae. Bei ihr ist die Pinnula des zweiten Brachiale ebenfalls dreimal so lang als die des vierten. *Antedon Hupferi* aber unterscheidet sich von derselben durch ihre dornenlosen Cirren, die geringere Anzahl derselben, die Form ihres Centrodorsale und andere Eigenthümlichkeiten. Bemerkenswerth für sie ist besonders, dass die distalen Ränder der Glieder ihrer unteren Pinnulae vorragen und kleine Dornen tragen.

38 **Antedon nana n. sp.** Taf. 5. Fig. 57, 58.

Syn.: *Antedon macropoda* Lak. M. S.

Das Centrodorsale ist eine ziemlich grosse, convexe Scheibe und trägt 30—40 zarte, in drei Reihen stehende Cirren. Die Cirren sind etwa 6 mm lang und bestehen aus 10—12 Sanduhr-förmigen Gliedern, die mit Ausnahme der beiden ersten, sehr verlängert sind. Das vorletzte Glied ist etwas kürzer und trägt einen kräftigen Dorn.

Erste Radialia verborgen, zuweilen auch die zweiten. Axillaria rhombisch, seitlich ganz frei.

10 glatte Arme von ziemlich grossen Gliedern. Erste Brachiale ganz kurz, nicht in Berührung mit dem Nachbargliede. Das zweite bedeutend

länger von ziemlich unregelmässiger Form. Das dritte (Syzygie) und die folgenden fünf sind annähernd quadratisch. Dann folgt eine Reihe fast dreieckiger Glieder, die auf ihrer längeren Seite mit spitzer Vorragung etwas auf das nächste Glied übergreifen. Die syzygialen Glieder sind lang. Die äusseren Brachialia werden mehr quadratisch und schliesslich etwas länglich.

Erste Syzygie im dritten Brachiale, die nächste im achten Gliede, dann eine im 12. und die folgenden in Zwischenräumen von zwei Gliedern.

Die unteren Pinnulae haben stark verlängerte Glieder. Die zwei ersten Paare sind ganz kurz. Sie bestehen aus acht bis neun Gliedern und messen mit Ausnahme der Pinnula des dritten Brachiale, die noch etwas kürzer ist, 2,5 mm. Die Pinnula des sechsten und siebenten Brachiale sind ungefähr 7 mm lang und haben etwa 16 Glieder; ihre Genitaldrüse ist wohl entwickelt. Das folgende Paar ist bedeutend kürzer; dann aber nimmt die Länge wieder zu und erreicht fast 7 mm. — Sacculi auf der Scheibe, den Armen und den Pinnulae: auf letzteren dichtstehend. Scheibe: 3 mm Durchmesser. Klafterung: 5—6 cm. Färbung gleichmässig schmutzig graubraun (Hamburg) oder weisslich mit breiten transversalen Bändern auf den Armgliedern und mit weissen Cirren, oder dunkelbraun. Die Verbindungen der Armglieder weisslich und ein undeutlich markirter Längsstrich auf dem Rücken des Armes. Fundort: Amboina. Drei Exemplare. Tonga-Inseln ein Exemplar. Hamburg, durch das Museum Godeffroy.

Die Art ist bemerkenswerth wegen der sehr geringen Anzahl ihrer Cirrusglieder. Sie gleicht in dieser Hinsicht fast der *Antedon abyssicola* Carp., deren Cirren nicht mehr wie 8—10 Glieder haben. Charakteristisch sind ferner die ungewöhnliche Kürze des ersten Armgliedes und die sehr geringe Grösse der zwei ersten Pinnula-Paare. Das Hamburger Exemplar entbehrt jeder besonderen Zeichnung und ist eintönig dunkel schmutzig graubraun.

Genus Actinometra[1] Müller 1841.

J. Müller, Monatsberichte der k. preuss. Akad. d. Wissensch. Berlin 1841. p. 180.

„Centrodorsale gewöhnlich scheibenförmig mit fünfzehn bis zwanzig Cirren, selten mehr; zuweilen pentagonal oder sternförmig, mit keiner Spur von Cirren, aber gelegentlich auch halbkugelig und fast von denselben bedeckt. Aeussere Flächen der Radialia relativ breit mit kleinen Muskelplatten und fast oder ganz parallel zur Verticalachse des Kelches.

Scheibe mit einem excentrischen Munde und einer variirenden Anzahl ungleichmässiger Ambulacra, von denen wenigstens zwei hufeisenförmig das Analfeld umschliessen. Einige der Arme, gewöhnlich nur die hinteren, können kürzer sein als der Rest, ungefurcht und ohne Tentakeln. Weder Arme noch Pinnulae haben irgend ein bestimmtes Ambulacralskelett, und Sacculi fehlen vollständig. Einige der unteren Pinnulae haben endständige Kämme." (Carpenter.)

Es ist das Verdienst Lütken's, zuerst auf zwei der wesentlichsten Merkmale des Genus *Actinometra* hingewiesen zu haben, nämlich die excentrische Lage des Mundes und den Besitz von Kämmen am Ende der unteren Pinnulae; dagegen verdanken wir Carpenter die Feststellung einer Anzahl anderer Genuscharaktere, unter denen hier der Mangel der Sacculi und der Mangel einer Täfelung an den Armen und Pinnulae besonders hervorgehoben sein mögen. Er hat ausserdem in den oben citirten Worten die erste gute Diagnose aufgestellt. Die Ansichten Müller's aber, der die

---

[1] Trans. Linn. Soc. London Zool. ser. 2. 1879. vol. II. p. 18.

12*

generische Bedeutung der excentrischen Lage des Mundes nicht erkannte, sondern den grössten Werth auf die Anzahl der Ambulacralrinnen legte, die das Peristom erreichen, hat man, Lütken's Beispiel folgend, mit Recht vollkommen fallen lassen.

Aehnlich wie bei dem Genus *Antedon* theilt Carpenter die etwa fünfzig bekannten *Actinometra*-Arten in eine Anzahl Serien und diese wieder in verschiedene Gruppen.

Serie I. „Die beiden äusseren Radialia und die ersten beiden Brachialia je durch Syzygie verbunden."

> 1) Solaris-Gruppe. 3 Arten.

Zehn Arme.

> (Siehe pag. 106.)

> 2) Paucicirra-Gruppe. 1 Art.

Zwei Distichalia, durch Syzygie vereinigt.

> 3) Typica-Gruppe. 4 Arten.

Drei Distichalia, das Axillare mit Syzygie.

> (Siehe pag. 108.)

Serie II. „Die beiden äusseren Radialia gelenkig verbunden." Zehn Arme.

> Echinoptera-Gruppe. 6 Arten.

> (Vorwiegend westatlantisch.)

Serie III. Zwei gelenkig verbundene Distichalia.

> 1) Stelligera-Gruppe. 4 Arten.

Zwei gelenkig verbundene Distichalia. Die Palmaria und die folgenden Serien, wenn vorhanden, haben denselben Charakter, aber die ersten beiden Brachialia sind durch Syzygie vereinigt.

> (Siehe pag. 104.)

> 2) Valida-Gruppe. 4 Arten.

Zwei gelenkig verbundene Distichalia. Die erste Armsyzygie im dritten Brachiale.

> (Indischer Archipel und Polynesien.)

Serie IV. Drei Distichalia, die zwei ersten gelenkig verbunden und das dritte, Axillare, mit einer Syzygie.

1) Fimbriata-Gruppe. 8 Arten.

Drei distichale Arten mit einer Pinnula am ersten Brachiale und einer
Syzygie im zweiten. Die palmaren und postpalmaren Reihen, wenn vorhanden, bestehen aus zwei Gliedern, von denen das erste eine Pinnula trägt
und das zweite eine Syzygie hat.

,Siehe pag. 101.

2) Parvicirra-Gruppe. 20 Arten.

Drei distichale Arten mit einer Pinnula am ersten Brachiale und einer
Syzygie im dritten.

Siehe pag. 94.)

Die geographische und bathymetrische Verbreitung des Genus *Actinometra*
ist eine beschränktere wie die von *Antedon*. Ihre nördliche Grenze ist der
36. Breitengrad, ihre südlichste etwa der 37. (Port Phillip), und wir können
Actinometra parvicirra J. Müll., die sowohl am Cap der guten Hoffnung wie
in Japan zu Hause ist, als eine Species anführen, deren Verbreitung diese
beiden Grenzen verbindet. Die Gattung *Actinometra* schliesst sich, wie
Carpenter bemerkt, in ihrer Verbreitung den vielarmigen Formen von
Antedon an, also insbesondere den Arten der *Palmata*- und *Savignyi*-Gruppe.
Sie beschränkt sich wie diese vorwiegend auf die östliche Halbkugel. Der
indische Ocean, der indische und australische Archipel, die australische Ostküste südlich bis Port Jackson bilden ihre eigentliche Heimath, und wie
die genannten beiden *Antedon*-Gruppen ist auch *Actinometra* im Allgemeinen
eine durchaus littorale, dem flachen Wasser angehörige Gattung. Specifische
Tiefseeformen giebt es gar nicht, sondern die wenigen Arten, welche in
grösseren Tiefen gefischt wurden, kommen ebensowohl in geringeren vor, wie
z. B. *Actinometra pulchella* Pourtalés lehrt, die von weniger als 70 Faden
bis hinab zu 830 Faden gefischt wurde, oder *Act. typica* Lovén, deren Tiefen-
verbreitung Carpenter auf 210—255 Faden angiebt, während Professor
Brock sie auf den Korallenbänken von Amboina sammelte. — Der westlichen
Hemisphäre gehören besonders Arten aus der *Echinoptera*-Gruppe an, über
die wir eine genauere Schilderung in Carpenter's noch nicht erschienenem
Berichte über die „Blake"-Comatulae erwarten dürfen.

Die von Amboina gebrachte Actinometrensammlung ist reicher an
Individuen als an Arten. Es scheinen auf der Insel zwei Species sehr zu

prävaliren, nämlich *Actinometra regalis* Carp. und *parvicirra* J. Müll., denn von ersterer wurden 17. von letzterer 37 Exemplare mitgebracht. Die sonst dort gefundenen Formen sind *Act. Bennetti* J. Müll. (4 Exemplare). *Act. divaricata* Carp. (1 Exemplar). *Act. Coppingeri* Bell. (1 Exemplar), *Act. pectinata* Retzius (2 Exemplare). *Act. typica* Lovén (2 Exemplare).

Ausserdem wurde ein Exemplar einer neuen Species auf Pulo Edam erbeutet, die der letztgenannten Art nahe verwandt ist und *Actinometra gracilis* genannt wurde.

Im Hamburger Museum wurde *Actinometra macrobrachius* Ltk. M. S. beschrieben. eine in Carpenter's *Fimbriata*-Gruppe gehörige Art aus den chinesischen Gewässern.

Die Parvicirra-Gruppe.

„Drei distichale Arten. mit einer Pinnula am zweiten Brachiale und einer Syzygie im dritten." (Carpenter.)

Zu dieser bei Weitem formenreichsten *Actinometra*-Gruppe gehören im Ganzen 20 Arten. Mit Ausnahme von *Actinometra parvicirra* J. Müll.. die ausser im indischen Archipel auch an der Küste Perus und am Cap der guten Hoffnung zu Hause ist. beschränkt sich ihre Verbreitung auf die asiatischen Gewässer und Polynesien.

Auf Amboina wurden 4 Species gesammelt. in grösserer Anzahl besonders *Actinometra parvicirra* und *regalis* Carp.. die in der Comatuliden-fauna der Insel vor den anderen Arten weitaus zu überwiegen scheinen.

Actinometra divaricata Carp.

Challenger, Report Zool. XXVI. p. 332. Pl. LXIII. Fig. 6—8.

Ein Exemplar von Amboina. Sein sternförmiges Centrodorsale trägt einige wenige Cirrusspuren und überragt ein Bisschen die Ebene der ersten Radialia, während diese ihrerseits unter dem Niveau der beiden äusseren Radialia liegen. Das Original-Exemplar dieser Species wurde vom Challenger bei den Banda-Inseln, also in nächster Nähe von Amboina, gesammelt.

Actinometra Bennetti J. Müll.

Alecto Bennetti Müll. Monatsber. Acad. Wiss. Berlin 1841. p. 187.
Challenger. Report Zool. XXVI. p. 331.
Syn.: *Actinometra brachymera* Ltk. M. S. — *Actinometra Peroni* Carp. Notes from
the Leyden Museum Vol. III. p. 214.

4 Exemplare von Amboina; davon eines mit den Charakteren von *Actinometra Peroni* Carp. und drei, welche die Merkmale dieser Art mit denen von *Act. Bennetti* vereinigen. Ich bin daher der Ansicht, dass die Trennung dieser beiden Species nicht länger bestehen sollte.

Carpenter schreibt über *Act. Peroni* Folgendes:

„This type is very similar to *Act. Bennetti*, but differs in having fewer cirrhi and in the joints composing them being tolerably uniform in size. The arm-joints too are relatively shorter, while both the first and the subsequent syzygial intervals are longer than in *Act. Bennetti*; and the pinnules, which have stouter and shorter joints are more clothed with perisome."

Das Exemplar von Amboina, das diesen Eigenschaften von *Act. Peroni* in der That fast entspricht, ist kleiner als die übrigen und von zierlicherem Bau. Der Durchmesser seiner Scheibe ist 21 mm. Das Centrodorsale trägt 25 Cirren in zwei Reihen; einige von ihnen sind schlank und comprimirt; circa 28 Glieder. Die zweite Syzygie einiger Arme ist im 13. oder 14. Gliede, die anderen im 18. oder 19. Dies ist von Wichtigkeit, weil Carpenter sagt, die syzygialen Zwischenräume bei *Act. Peroni* seien länger als bei *Act. Bennetti*, bei welcher die zweite Syzygie zwischen dem 19. und 25. Gliede liegen soll. Unser Exemplar stimmt also in dieser Hinsicht nicht mit Carpenter's Beschreibung.

Bei den drei anderen Exemplaren, die von durchaus übereinstimmender Beschaffenheit sind, trägt das Centrodorsale 30—40 Cirren, von denen die längsten ungefähr 4 cm messen. Einige von ihnen sind schlank und comprimirt, andere dick. Sie haben ungefähr 27, oft aber genau 30 Glieder. Die drei Exemplare halten in Bezug auf die Cirren die Mitte zwischen *Actinometra Peroni* und *Bennetti*; denn Carpenter sagt, erstere Art habe 25—30 Cirren mit 30 Gliedern, letztere dagegen 40—50 Cirren von 25 Gliedern.

Ein anderes von Bölsche[1]) beschriebenes Exemplar des Göttinger Museums, von Cea, spricht ebenfalls dafür, dass die beiden fraglichen Arten identisch sind und dass mindestens die Cirren kein Kriterium zu ihrer Unterscheidung abgeben. Dasselbe hat 40 lange dicke Cirren von ziemlich gleichmässiger Form. Sie stehen in drei Reihen und haben 30 Glieder. Nach der Zahl ihrer Cirren und ihrer Stellung in drei Reihen würde dieses Stück eine *Actinometra Bennetti* sein, nach der Zahl der Cirrusglieder eine *Actinometra Peroni*. — Die zweite Armsyzygie liegt zwischen dem 21. und 34. Brachiale, bei Carpenter's Original-Exemplar von *Actinometra Peroni* vom 19. bis 25. Gliede, so dass also der Zwischenraum von der ersten zur zweiten Syzygie bei der letzteren Art kürzer und nicht, wie Carpenter meint, länger ist als bei der anderen.

Ein Exemplar dieser Species im Hamburger Museum trägt den M. S. Namen *Actinometra brachymera* Ltk. Es ist von Port Denyson.

Anmerkung. Aus einem Briefe, den ich nachträglich von Carpenter erhielt, ersehe ich, dass er meine Ansicht über die Identität der beiden Arten theilt.

Actinometra parvicirra J. Müll.

Alecto parvicirra Müll. Monatsber. Acad. Wiss. Berlin 1841. p. 185.
Challenger, Report XXVI. p. 338. Pl. LXI, LXVII.
Syn.[*]: *Actinometra intricata* Ltk. M. S.
        guttata Ltk. M. S.
        trachyguster Ltk. M. S.

Actinometra parvicirra ist eine Art, die ihrer ausserordentlichen Variabilität wegen den Systematikern viel Schwierigkeiten gemacht hat, und ein Blick auf die Synonymenliste im Challenger-Report zeigt, unter wie vielen Speciesnamen ihre Exemplare irrthümlich beschrieben worden sind. Um so erfreulicher war es, dass von Amboina nicht weniger wie 37 Exemplare mitgebracht wurden, die zusammen mit den Exemplaren des Hamburger und Berliner Museums eine gewiss recht stattliche Untersuchungsbasis abgaben. Das aus ihnen gewonnene Resultat ergab, dass sich zwei verschiedene Typen oder

---

[1]) Wilh. Bölsche „Ueber *Act. Bennetti* und eine neue *Comatula*-Art *Antedon Dübeni*" in Wiegmann's Archiv 1866 p. 90.

[*] Betreffend die übrigen Synonyme vergl. Challenger, Report l. c.

Unterarten unterscheiden lassen, die durch eine ziemlich geringe Zahl von Uebergangsformen mit einander verknüpft sind.

Von Typus A enthält die Amboinasammlung 12 Exemplare. Sie haben ein ziemlich grosses, flaches, kreisrundes Centrodorsale mit 16 bis 25 Cirren an seinem Rande. Diese sind verhältnissmässig dick und haben in der Regel 15—16 Glieder.

Die ersten Radialia, zuweilen selbst die zweiten, sind vollkommen verborgen. Die distichalen Stämme sind meist dreigliederig, und nur wenige Exemplare besitzen auch einige zweigliederige. — 20 Arme: nur zwei Exemplare haben deren 21 in Folge einer bei ihnen vorhandenen Palmarserie. Der Mangel von palmaren Serien, die bei dem anderen Typus sehr häufig sind, ist charakteristisch für diesen. Die Färbung ist ein ziemlich dunkles, eintöniges Chocoladebraun, ohne irgendwelche Zeichnung. Die Exemplare sind im Allgemeinen bedeutend kleiner, als die des Typus B.

Zu Typus A passen vier Exemplare aus Peru im Hamburger Museum, ferner zwei Exemplare von Samoa ebendaselbst, die als *Actinometra trachygaster* Ltk. bezeichnet waren.

Typus B umfasst 19 Exemplare von Amboina. Dieselben haben ein sehr kleines Centrodorsale, das häufig fünfeckig ist und nicht mehr als 10 Cirren von ungefähr 12 Gliedern trägt. Die Cirren sind, verglichen mit denen des anderen Typus, kurz und dünn. An zwei Exemplaren fehlen sie vollständig, während sie an mehreren anderen nur spurweise vorhanden sind. Die ersten Radialia sind stets etwas und oft vollkommen sichtbar. Die distichalen Stämme sind meist zweigliederig und dreigliederig, mit starker Neigung zu ersterem Verhalten. Nur in fünf Exemplaren fehlen zweigliederige Distichalia ganz, während unter den übrigen 14 Stücken eins sieben zweigliederige Serien und eins deren sechs hat; drei Exemplare ferner haben jedes gleichviel zweigliederige und dreigliederige. Mithin ist das Vorhandensein einer bedeutenderen Zahl zweigliederiger Distichalserien bei diesem Typus von *Actinometra parvicirra* nicht eine Ausnahme, sondern etwas ganz Gewöhnliches. — Entsprechend der regelmässigen Entwickelung einiger oder selbst aller palmaren Stämme beträgt die Anzahl der Arme stets mehr wie 20 und oft mehr wie 30. — Die Klafterung ist manchmal sehr bedeutend. Die Länge eines vorderen Armes kann 17 cm betragen. Im Allgemeinen aber ist der Bau ein sehr schlanker. — Die Scheibe, die allerdings nur an wenigen Exemplaren erhalten geblieben ist, ist nackt, bei Typus A dagegen mit feinen Kalkhärchen bedeckt. — Die Färbung ist niemals einfarbig chocoladebraun, sondern oft hellbraun mit einem Stich ins Olive und mit dunklen Verbindungen der Armglieder, sowie häufig mit einer dunklen, medianen Längslinie auf dem Rücken der Stämme.

Zu diesem Typus B gehören ferner folgende Exemplare im Hamburger Museum, sämmtlich mit kleinem, fünfeckigem Centrodorsale:

Eins von den Mortlock-Inseln: sechs zweigliederige Distichalserien, 38 Arme.

Eins von Panopé: fünf zweigliederige Distichalserien, 34 Arme.

Eins aus der Lomboek-Strasse: 37 Arme.

Eins von den Viti-Inseln (*Actinometra guttata* Ltk. M. S.); acht zweigliederige Distichalserien und zwei dreigliederige, welche letztere sich an eine fünfgliederige Radialserie anschliessen.

Eins von den Tonga-Inseln (*Actinometra intricata* Ltk. M. S.) mit 44 Armen.

Zwei von Moreton Bay (*Actinometra mutabilis* Ltk. M. S.): das eine mit sechs zweigliederigen, das andere mit ausschliesslich zweigliederigen Distichalserien. Beide haben ein ganz kleines Centrodorsale, doch stimmt insofern das eine Exemplar nicht ganz mit dem Typus B, als es nur 19 Arme besitzt. —

Aus der Menge der von mir untersuchten Exemplare geht also hervor, dass mit kleinem Centrodorsale und spärlicher Cirrusentwickelung in der Regel der Besitz von palmaren Stämmen und zahlreichen Armen, sowie die Neigung zur Bildung von zweigliederigen Distichalserien verbunden ist.

Um noch Exemplare zu nennen, die dieser Regel nicht entsprechen, führe ich zunächst eins aus Leyden an, das von Atjeh stammt. Dasselbe hat ein mittelgrosses Centrodorsale, ausschliesslich dreigliederige Distichalserien und 48 Arme; sodann eins von den Tonga-Inseln im Hamburger Museum (*Actinometra intricata* Ltk. M. S.) mit ziemlich grossem Centrodorsale, ungefähr 30 Cirren, aber ausschliesslich zweigliederigen Distichalstämmen und 39 Armen.

Actinometra regalis Carp.
Challenger, Report Zool. XXVI. p. 347. Pl. LXVIII.

Centrodorsale annähernd kreisrund oder fünfeckig, meistens flach, zuweilen kaum das Niveau der Radialia überragend. 6—20 dicke, randständige Cirren von ungefähr 17 Gliedern, von denen das 5., 6. und 7. die längsten sind. Die Glieder sind in der Regel glatt, aber die äussersten können schwache Dornen tragen. Der Dorn des vorletzten Gliedes ist klein oder fehlt ganz. Das distale Ende des Cirrus ist häufig dicker als das proximale.

Erste Radialia sichtbar, zweite trapezförmig; die Axillaria breit dreieckig. Die Radien können sich sechsmal theilen, die Regel ist aber fünfmal. Drei Distichalia, das Axillare mit Syzygie. Die ersten beiden Distichalia anstossender Radien zuweilen in engster Berührung, aber oft getrennt durch eine breite, interradiale Täfelung, die nach dem Centrodorsale zu soweit reichen kann, dass sie die äusseren Hälften der zweiten Radialia anstossender Radien trennt. Eine ähnliche, aber schmälere Täfelung liegt gewöhnlich zwischen jedem Paare distichaler Stämme und bildet eine Verbindung zwischen ihren beiden äusseren Gliedern und manchmal auch zwischen den ersten Gliedern der inneren palmaren Stämme. Die aus der Verzweigung hervorgehenden Theilungsserien weichen nur sehr wenig auseinander, so dass die ersten und oft auch die zweiten Glieder zweier benachbarter Stämme mit einander vereinigt sind. Die palmaren Stämme sind in der Regel auf der Innenseite des Radius dreigliederig, das Axillare mit Syzygie, auf der Aussenseite zweigliederig, das Axillare ohne Syzygie. Alle postpalmaren Stämme sind dreigliederig, das Axillare mit einer Syzygie.

Gewöhnlich mehr als 100 Arme, wenigstens 70. Die vorderen lang, bis 16 cm. sich langsam verjüngend; die hinteren viel kürzer, sich rasch verjüngend. Ziemlich kurze Glieder, die in der proximalen Armhälfte stark vorspringende distale Ränder haben. Die ersten Glieder meistens eng mit einander vereinigt. Vom ungefähr sechsten Gliede an eine Reihe von stark übergreifenden dreieckigen Gliedern, die ziemlich bald stumpfer keilförmig und schliesslich mehr quadratisch werden.

Erste Syzygie im dritten Brachiale, die nächste vom 5. bis 17. Gliede, gewöhnlich vom 10. zum 13., die folgenden in Zwischenräumen von 1—6, gewöhnlich aber 3 Gliedern.

13*

Die distichale Pinnula wird bis 25 mm lang, gewöhnlich etwa 15 bis 20 mm, die nächste, ob palmar oder postpalmar, ein wenig kürzer, die dann kommende Pinnula nur halb so lang und die des zweiten Brachiale stets viel kürzer, als die vorhergehenden. Hierauf folgt das kürzeste Paar: die äusseren Pinnulae erreichen ungefähr 8 mm, an den hinteren Armen werden sie gegen das Ende derselben plötzlich kürzer. Der Kamm der unteren Pinnulae ist manchmal nur spurweise vorhanden. Er erstreckt sich bis auf die Pinnula des 10. Brachiale. — Mund: interradial. Scheibe: nackt oder etwas getäfelt. Durchmesser 35 mm. Färbung: hell gelblichgrün oder graubraun oder dunkelbraun. Klafterung: 30 cm. Fundort: Amboina. 17 Exemplare.

Die Art wurde nach zwei Challenger-Exemplaren von den Banda-Inseln beschrieben. Es hat sich jedoch aus der Untersuchung der 17 auf Amboina gesammelten Exemplare ergeben, dass jene beiden von Carpenter beschriebenen Stücke in Bezug auf die Theilungsweise der Radien nicht die Regel repräsentirten und in Folge dessen in dem System und Key des Autors einen falschen Platz erhalten haben. Die Species ist ohne Frage mit *Actinometra belli* Carp., *duplex* Carp. und *mobilis* Carp. zusammenzustellen, also den drei Arten der *Parvicirra*-Gruppe, bei welcher die inneren palmaren Stämme dreigliederig, die äusseren aber zweigliederig sind. Es ist dies allerdings bei unserer Art nur selten an allen Radien streng durchgeführt und nur drei von ihnen entsprechen der Regel vollständig. Meistens sind an einem oder zwei Radien die zwei- und dreigliederigen Palmaria unregelmässig angeordnet, ja es kommen sogar Exemplare vor, an welchen nur ein Radius das typische Verhalten zeigt. Radien aber, an denen die vier palmaren Stämme sämmtlich die gleiche Gliederzahl hätten, sind sehr selten. — Bemerkenswerth ist, dass an Exemplaren mit unregelmässiger Anordnung der palmaren Stämme auch die distichalen der Variation unterworfen sind und gelegentlich, statt dreigliederig zu sein, nur zwei Glieder haben. Solche anormale Distichalia sind stets von einer anormalen Vertheilung der zu ihnen gehörigen Palmaria begleitet.

Die Fimbriata-Gruppe.

„Dreidistichale Arten mit einer Pinnula am ersten Brachiale und einer Syzygie im zweiten. Die palmaren und postpalmaren Glieder, wenn vorhanden, bestehen aus zwei Gliedern, von denen das erste eine Pinnula trägt und das zweite (Axillare) eine Syzygie enthält". (Carpenter.)

Die Gruppe zählt im Ganzen acht bekannte Arten. Von den caraibischen Inseln stammt *Act. discoidea* Carp., von Brasilien *Act. lineata* Carp. Die übrigen Species gehören dem Indischen Archipel und der China-See an.

Auf Amboina wurde nur *Act. Coppingeri* Bell. gesammelt.

Actinometra Coppingeri Bell.

Bell. F. J. Proc. Zool. Soc. Lond. 1882. p. 535.

Challenger, Report Zool. XXVI. p. 320. Pl. LX. Fig. 1, 2.

Ein Exemplar von Amboina. Dasselbe hat unregelmässiger Weise sieben zweigliederige Distichalserien. Dass die Species zu Abweichungen von der in der *Fimbriata*-Gruppe herrschenden Dreigliederigkeit der Distichalia neigt, zeigt auch das von Carpenter l. c. abgebildete Exemplar, das eine zweigliederige Serie besitzt. Aehnliche Schwankungen wurden auch bei den verwandten Arten *Actinometra multiradiata* L. und *Actinometra fimbriata* Lam. constatirt (vergl. pag. 102 und 104). Unter den Arten der *Parvicirra*-Gruppe, wo gleiche Variationen vorkommen, steht in dieser Hinsicht die bekannte vielgestaltige und vielverkannte *Actinometra parvicirra* J. Müll. oben an, bei der der gleichzeitige Besitz von zwei oder dreigliederigen distichalen Stämmen fast die Regel ist.

Actinometra macrobrachius (Ltk. M. S.) n. sp.

Centrodorsale klein, flach, fünfeckig, kaum erhaben über dem Niveau der Radialia und von diesen durch kleine Spalten (clefts) getrennt. Ohne eine Spur von Cirren.

Erste Radialia vollkommen sichtbar: zweite seitlich mit einander vereinigt: ziemlich kurz und breit. Axillaria kurz, fünfeckig, mit spitzem distalen Winkel: seitlich ganz frei. Die Radien theilen sich meist dreimal, einige viermal. Die Distichalserien dreigliederig, das Axillare mit Syzygie. Die folgenden Stämme zweigliederig, das Axillare mit Syzygie.

42 lange Arme von nur mässig rauher Oberfläche. Glieder ziemlich
kurz. Die ersten Armglieder sind ziemlich dünn; seine grösste Dicke erreicht
der Arm um das 12. Glied herum. Die Glieder werden vom sechsten an
keilförmig, nach dem ersten Armdrittel stumpfer keilförmig und bald einfach
scheibenförmig. Vordere und hintere Arme von gleicher Länge.

Erste Syzygie im zweiten Brachiale. Die nächste vom 20. bis 25. und
dann in Zwischenräumen von meist 7—10 Gliedern.

Die distichale Pinnula misst 16 mm. Sie ist dünn, und ihr Kamm
schwach entwickelt und kurz. Die palmare Pinnula ist beträchtlich kleiner
und nur 10 mm lang. Die des ersten Brachiale misst 8—9 mm und ist bedeutend dünner; die des dritten Brachiale 5 mm. Dann folgen einige Paare
von gleicher Grösse und die übrigen Pinnulae werden auch nur wenig länger
und bleiben von sehr feiner Structur. — Scheibe nackt: 16 mm Durchmesser. Mund: radial. Färbung: Skelett: hellgelblich braun. Scheibe
graubraun. Klafterung etwa 34 cm. Fundort: Chinesische See.

Die Art unterscheidet sich von den verwandten Formen durch den gänzlichen Mangel der Cirren und ein sehr kleines, an *Actinometra typica* Lovén
erinnerndes Centrodorsale. — Bemerkenswerth ist ferner der Besitz von postpalmaren Stämmen, den sie in der *Fimbriata*-Gruppe nur mit *Act. setosa*
Carp. gemein hat.

Actinometra fimbriata Lam.

Comatula fimbriata Lam. Hist. Nat. des Animaux sans Vertébres Paris 1816. t. II. p. 531.
Challenger, Report Zool. Vol. XXVI. p. 317. Pl. LXII. Fig. 2—4.

Zu dieser Art zähle ich ein sehr merkwürdiges Exemplar von den
Ruck Islands (Karolinen), das sich im Hamburger Museum befindet. Es
repräsentirt einerseits ein Bindeglied zwischen *Actinometra fimbriata* und
multiradiata L., andererseits erinnert es an *Act. paucicirra* Bell.

Von *Act. fimbriata* hat es zunächst die typischen kurzen scheibenförmigen Armglieder mit stark vorspringenden distalen Rändern. *Act. multiradiata* dagegen gleicht es durch den Besitz von palmaren Stämmen und
28 Armen. Von seinen zehn distichalen Serien sind acht zweigliederig
und nur zwei zusammengehörige dreigliederig, wie es in der *Fimbriata*-
Gruppe die Regel ist. Sehr interessant ist nun, dass die beiden distichalen
Glieder der acht unregelmässigen Stämme nicht, wie man erwarten sollte,

durch Articulation, sondern durch Syzygie verbunden sind, ein Verhalten, das durchaus an *Act. paucicirra* Bell. erinnert, einer zweidistichalen Art, bei welcher die beiden äusseren Radialia und die ersten beiden Glieder nach jedem Axillare durch Syzygie verbunden sind.

Der unregelmässigen durch Syzygie verbundenen Distichalia unseres Exemplares folgen häufig zweigliederige (einzeln auch dreigliederige) Palmarserien, deren beide Glieder durch Articulation verbunden sind, und das letzte (Axillare) eine Syzygie hat; dagegen sind die beiden regelmässig gebildeten dreigliederigen Distichalstämme nicht von palmaren Serien gefolgt. Keine Postpalmaria.

Die erste Syzygie liegt im zweiten Brachiale; die zweite zwischen dem 25. und 35. Gliede und die folgenden in sehr unregelmässigen Zwischenräumen von gelegentlich nur drei, oft fünf bis sechs, aber auch 17 Gliedern.

Die Pinnula des ersten Brachiale ist fast ebenso lang wie die distichale resp. palmare Pinnula, nämlich etwa 14 mm, und entspricht in dieser Hinsicht das Exemplar ganz dem bei ihrer Species herrschenden Verhältniss. — Scheibe 15 mm mit einer Menge zerstreuter Verkalkungen besonders in der analen Area.

Actinometra multiradiata L.

Asterias multiradiata L. Syst. Nat. ed. 10, 1758. t. II. p. 663.

Challenger. Report Zool. Vol. XXVI. p. 322. Pl. LXVI. Fig. 1—3.

Syn.: *Actinometra gracilis* Ltk. M. S.

Die Göttinger Sammlung enthält fünf Exemplare dieser Species aus der chinesischen See. Dieselben zeichnen sich durch einen relativ zierlichen Bau aus. Ein von Amboina stammendes Exemplar von *Actinometra Coppingeri* Bell. z. B. hat ein bedeutend robusteres Ansehen, obwohl nach Carpenter's Aussage in der Regel das Gegentheil der Fall ist. Was die Armzahl anlangt, die 25—35 beträgt, so gleichen die Exemplare dem Linné'schen Originale, von dem Retzius[1] angiebt, es habe 30—40 Arme.

Die gleiche Anzahl, nämlich 36 Arme, besitzt ein Exemplar im Hamburger Museum von Formosa, welches mit dem Lütken'schen M. S. Namen *gracilis* bezeichnet war. Es ist in der That sehr graziös gebaut und klafftet nur 13 cm.

[1] Königl. Svensk. Vetensk. Acad. Handl. Ar 1783. t. IV. p. 241.

Mit 27 Armen erhielt ich ein Exemplar von Kagosima (Japan) aus dem Naturalien-Cabinet in Stuttgart. Dasselbe ist bedeutend grösser und in mancher Beziehung anders wie die obigen. So ist zunächst an ihm die Verbindung der Glieder der Radialia und der Theilungsserien eine ganz glatte, während dieselbe bei den erwähnten chinesischen Exemplaren so uneben ist, wie die der äusseren Armglieder. Auch treten die distalen Ränder seiner äusseren Armglieder nicht so stark vor; dieselben sind auch weniger dornig, als es meist der Fall ist. Sodann ist beachtenswerth, dass vier von seinen neun Distichalserien nicht dreigliederig, sondern zweigliederig sind. Die Axillaria der dreigliederigen sind auffallend klein im Vergleich mit den beiden ersten Gliedern.

Sämmtliche Exemplare zeichnen sich durch gänzlichen Mangel von postpalmaren Serien aus, ein Verhalten, das Carpenter als charakteristisch für diese Art bereits hervorhob (l. c.).

Die Stelligera - Gruppe.

„Zwei gelenkig verbundene Distichalia. Die Palmaria und die folgenden Theilungsserien, wenn vorhanden, haben denselben Charakter: aber die ersten beiden Brachialia sind durch Syzygie vereinigt" (Carpenter).

Das Verbreitungsgebiet der vier zu dieser Gruppe vereinigten Arten sind der Indische Archipel und Polynesien. *Actinometra pulchella* Pourt. kommt ausserdem im Atlantischen Ocean, namentlich im Caraibischen Meer vor. — Auf Amboina wurde keine der vier Arten gefunden.

Actinometra stelligera Carp.

Challenger. Report Zool. XXVI. p. 308. Pl. LVIII. Fig. 1. 2.

Im Hamburger Museum drei Exemplare von den Samoa- und Viti-Inseln. Im Lübecker Museum ein Exemplar von Ovalau.

An letzterem misst die Pinnula des zweiten Brachiale etwa 25 mm, gegen 16 mm bei einem von Carpenter beschriebenen Exemplare: sodann ist die Pinnula des vierten Brachiale bei allen von mir gesehenen Stücken bedeutend kürzer als die des zweiten, während Carpenter von dem seinigen angiebt, dass die Länge der auf die erste folgenden Pinnulae allmählich abnehme. Es scheinen hier also die Verhältnisse variabel zu sein.

Actinometra maculata Carp.

Challenger, Report Zool. XXVI. p. 307. Pl. LV. Fig. 2.

Ein Exemplar von den Mortlock-Inseln (Göttinger Sammlung). Dasselbe hat viel Aehnlichkeit mit *Actinometra stelligera* Carp., doch entbehrt es durchaus der postdistichalen Serien, deren Besitz für diese Art charakteristisch sein soll. Auch seine Cirren unterscheiden sich von denen jener Art durch grössere Kürze und geringere Gliederzahl. In Betreff der stumpfen Dornen an den äusseren Cirrusgliedern aber kann ich zwischen beiden keinen Unterschied finden.

Actinometra pulchella Pourtalès.

Antedon pulchella Pourt. Bull. Mus. Comp. Zool. 1878. Vol. V. Nr. 9. p. 215.

Challenger, Report Zool. XXVI. p. 304. Pl. LII. Fig. 1. 2.

Ein Exemplar im Hamburger Museum.

Centrodorsale flach und gross scheibenförmig, von rundem Umriss. Circa 23 Cirren in zwei unregelmässigen Reihen, theilweise nicht ganz auf den Rand beschränkt; die Cirren sind etwa 9 mm lang und haben circa 17 Glieder, von denen das vierte, fünfte und sechste verlängert sind. Die Glieder der äusseren Cirrushälfte sind kürzer, ziemlich hoch und tragen kleine Dornen. Der Dorn des vorletzten Gliedes ist nicht durch besondere Stärke ausgezeichnet.

Erste Radialia etwas sichtbar; zweite seitlich frei, kurz. Axillaria dreieckig mit spitzem distalen Winkel. Die distichalen Stämme zweigliederig: die ersten Glieder nur wenig mit einander vereinigt.

20 Arme. Die ersten Glieder nur in schwacher Berührung mit einander, jedes durch Syzygie mit dem zweiten Gliede verbunden; beide sehr kurz. Dann drei oder vier Glieder, die unregelmässig scheibenförmig sind und Tendenz haben, auf ihren Verbindungen alternirend seitlich gelegene Höcker zu bilden. Dann eine Reihe dreieckiger Glieder von mässiger Länge, deren distale Ränder nicht besonders aufgeworfen sind. Gegen das Ende des Armes werden die Glieder fast quadratisch.

Erste Syzygie zwischen dem ersten und zweiten Brachiale: dann eine vom elften bis dreizehnten Gliede und die folgenden in Zwischenräumen von meist drei Gliedern.

Die Pinnula des zweiten Brachiale ist bis 10 mm lang, von dünner zarter Structur, mit deutlich markirtem Kamm. Die folgende Pinnula bedeutend kürzer; darauf nimmt die Länge allmählicher ab bis zu den Pinnulae des achten, zehnten, zwölften Gliedes, die annähernd gleich gross sind. Von da nimmt die Länge wieder zu, bis sie etwa 6 mm erreicht. Das siebente Brachiale trägt an einigen Armen eine ganz kleine, verkümmerte Pinnula. Der Kamm lässt sich bis zur Pinnula des zehnten Gliedes nachweisen. — Scheibe: nackt, 7 mm Durchmesser. Mund: radial. Farbe: hellbraun. Klafterung: etwa 8 cm. Fundort: Ruck (Carolinen). Ein Exemplar.

Die eigentliche Heimath dieser Art scheint das caraibische Meer zu sein, doch ist ihre Verbreitung eine sehr weite, und dies nicht nur in geographischer Beziehung, sondern auch in bathymetrischer. So wurde sie bei St. Pauls Rock in Tiefen von 10—80 Faden gefischt, und nahe dem Eingang der Strasse von Gibraltar aus 374 und 477 Faden Tiefe, ja, Carpenter vermuthet sogar, dass ein von Talisman gesammeltes Exemplar mit *Act. pulchella* identisch ist, welches aus einer Tiefe von 1500 Metern bei Rochefort gefischt wurde.

Einer brieflichen Mittheilung Carpenter's verdanke ich die Notiz, dass Müller's *Comatula echinoptera* identisch sei mit der zehnarmigen Varietät von *Act. pulchella* Pourtalès.

Die Solaris-Gruppe.

10 Arme. „Die beiden äusseren Radialia und die ersten Brachialia je durch Syzygie vereinigt." (Carpenter.)

Nachdem Carpenter eine Reihe nicht länger zu haltender Species verworfen hat, besteht die Gruppe aus folgenden drei Arten:

Actinometra solaris Lam.,
pectinata Retz.,
brachiolata Lam.

Von ihnen wurde auf Amboina nur *Act. pectinata* Retz. in zwei Exemplaren gesammelt.

Actinometra solaris Lam.

Comatula solaris Lam. Hist. Nat. Anim. s. Vertèbres. 1816. t. II. p. 533.
Challenger. Report XXVI. p. 288.

Ein Exemplar aus der China-See, im Göttinger Museum.

Von ungefähr vierzehn Cirren sind fünf erhalten, und diese haben die auffallend kleine Gliederzahl zwölf.

Im Hamburger Museum untersuchte ich *Actinometra robusta* Ltk. M. S. und überzeugte mich, dass Carpenter vollkommen recht that, sie für identisch mit *Act. solaris* Lam. zu erklären.

Actinometra pectinata Retz.

Asterias pectinata Retz. K. Swensk. Vetensk. Akad. Handl. 1783. IV. p. 211.
Challenger. Report XXVI. p. 211.

Es wurden auf Amboina zwei Exemplare gesammelt, die sich durch ganz weisse Färbung auszeichnen, sowie durch den Mangel einer longitudinalen Leiste auf den Armen. Sie sind von ziemlich geringer Grösse und haben verhältnissmässig kurze Arme, so dass ihre Gestalt gedrungener ist, als es sonst der Fall zu sein pflegt.

Ein anderes Exemplar der Göttinger Sammlung stammt aus den chinesischen Gewässern und gleicht im allgemeinen Habitus denen, welche ich vom Stuttgarter Museum zur Bestimmung erhielt. Letztere (2 Exemplare) sind von Cooktown in Queensland. Sie haben ein sehr kleines Centrodorsale. Ihre hinteren Arme sind bedeutend kürzer als die vorderen und haben keine Ambulacralrinne.

Actinometra brachiolata Lam.

Comatula brachiolata Lamark. l. s. c. p. 535.
J. Müller, „Ueber die Gattung *Comatula* und ihre Arten". Abhandlungen der Akad. Wissensch. Berlin 1847. p. 249.

Ein trockenes Exemplar im Leydener Museum ohne Angabe des Fundortes. Die Arme sind unvollständig erhalten, ebenso fehlen die meisten Cirren.

Das Exemplar gleicht in seinem allgemeinen Habitus sehr einer *Actinometra solaris* Lam., doch unterscheidet es sich von dieser durch die

14*

bedeutendere Gliederzahl seiner Cirren und die geringere Gliederzahl seiner unteren Pinnulae.

Das längste der drei erhaltenen Cirren hat über 40 Glieder, das kürzeste etwa 30. Die Cirren, deren Anzahl 15 gewesen zu sein scheint, sind durchaus randständig und umgeben in einer Reihe ein grosses, ziemlich dick scheibenförmiges Centrodorsale, dessen kreisrunde Oberfläche leicht convex ist und einen Durchmesser von fast 6 mm hat.

Das erste Paar Pinnulae, das bei *Actinometra solaris* Lam. nach Carpenter etwa 60 Glieder haben kann und 25 mm Länge erreicht, besitzt bei dieser Species eine Länge von 10 mm und nur etwa 25 kurze Glieder, von denen die elf letzten sich an der Bildung des Kammes betheiligen.

Die für *Actinometra solaris* charakteristische Kielung an den unteren Gliedern des zweiten Pinnulapaares fehlt vollkommen.

Durchaus zutreffend ist, wenn J. Müller bemerkt, dass die Armglieder nach beiden Seiten hin abwechselnd stark vorspringen, doch gilt dies vorwiegend für die basalen, weniger für die äusseren Glieder.

Der einzige seiner ganzen Länge nach erhaltene Arm des Exemplars misst 5 cm.

Zu bedauern ist, dass der Fundort nicht angegeben ist. Denn auch von dem in Paris befindlichen Originalexemplare ist derselbe nur unbestimmt als „Australien" bekannt.

— —

An das Ende der vorstehend abgehandelten Arten reihe ich zwei Species, die ich mich nicht entschliessen kann, in eine der von Carpenter aufgestellten Gruppen zu stellen.

Actinometra typica Lovén.

Phanogenia typica Lovén. Öfversigt K. Vetensk-Akad. Förhandl. 1866, Nr. 9, p. 231.
Challenger, Report Zool. Vol. XXI. p. 296. Taf. LVII. Fig. 1.

Carpenter hat eine kleine Anzahl von Actinometren zur *Typica*-Gruppe vereinigt, die *Act. typica* Lovén nahe verwandt sind und sämmtlich zu seiner „Ersten Serie" gehören, d. h. den Actinometren deren beide äussere Radialia und beiden ersten Brachialia je durch Syzygie verbunden sind. Die *Typica* - Gruppe zeichnet sich durch den Besitz von drei Distichalien

aus, sowie dadurch, dass jedes postdistichale Axillare mit seinem ihm vorhergehenden Gliede durch Syzygie verbunden ist. — Es war nun, wie mir
scheint, keine sehr glückliche Wahl, gerade *Act. typica* zum Typus dieser
Gruppe zu machen, weil die syzygiale Natur der Verbindung der beiden
äusseren Radialia eine strittige ist und es somit nicht feststeht, ob man überhaupt *Act. typica* zu Carpenter's erster Serie zählen darf. Lovén hielt
die von Carpenter als Syzygie betrachtete Verbindung für eine gelenkige,
und ich möchte mich nach genauer Untersuchung der Sache dieser letzteren
Auffassung anschliessen. *Act. typica* mag in jeder anderen Beziehung den
mit ihr vereinigten Arten *Act. distincta* Carp., *Novae Guineae* Müll. und *multi-
brachiata* Carp. am nächsten stehen, die Verbindung aber ihrer beiden äusseren
Radialia für syzygial zu halten, hiesse ihr, wie mir scheint, dem System zu
Liebe einen Charakter beilegen, den sie nicht besitzt. Es fehlt ihr die für
alle syzygialen Verbindungen charakteristische radiäre Sculpturirung der sich
berührenden Flächen; dagegen hat sie, ganz wie die Verbindung der beiden
ersten Distichalia, deutliche concentrische Erhabenheiten und in der Mitte eine
Gelenkaxe in Form einer, wenn auch nur schwach angedeuteten Verticalleiste.
Ausserdem sieht man auf Querschliffen, dass die Gelenkflächen eine deutliche
Epiphyse besitzen, d. h. eine allen Gelenkverbindungen zukommende Kalk-
masse, die der des Gliedkörpers aufgelagert und von ihr durch eine dichtere
Kalkschicht getrennt ist. Auch muss man sagen, dass das Ansehen der
betreffenden Gelenkflächen sich in nichts Wesentlichem von dem unterscheidet,
wie wir es z. B. bei der zur *Parvicirra*-Gruppe gehörigen *Actinometra regalis*
Carp. finden.

Prof. Brock sammelte von *Act. typica* Lovén zwei Exemplare auf
Amboina. Sie sind von grünlichbrauner Färbung und hübscher Zeichnung.
Letztere besteht in drei dunklen Linien, die von den Klütten ausgehen, durch
welche das sternförmige Centrodorsale von den Radialia getrennt wird, und
dann über die Stämme und definitiven Arme forthaufen. Eine ganz ähnliche
Zeichnung besitzt die auf Pulo Edam erhaltene nahe verwandte Art *Act.
gracilis* n. sp.

Das Centrodorsale trägt bei keinem der beiden Exemplare eine Spur
von Cirrusentwickelung und liegt fast unter dem Niveau der ersten Radialia.

Dr. Clemens Hartlaub.

Die Radien theilen sich meist fünfmal und nie mehr wie siebenfach. Die Anordnung und Gliederzahl der drei ersten Theilungsserien ist, wie aus der beigefügten tabellarischen Darstellung am besten ersichtlich ist, eine ziemlich regelmässige. Die distichalen Stämme sind fast stets dreigliederig und die palmaren zweigliederig. Von der Aussenseite eines jeden palmaren Axillare entspringt ein definitiver Arm (a), von der Innenseite dagegen ein postpalmarer Stamm von zwei Gliedern. Entspringt gegen die Regel kein definitiver Arm von der Aussenseite, so tritt an dessen Stelle eine dreigliederige Theilungsserie, deren Axillare eine Syzygie haben kann und auch nicht. Wenn statt drei Distichalien nur zwei vorhanden sind, so folgen, wie das bei vielen Arten der Fall ist, wo sich eine gesetzmässige Theilungsart beobachten lässt, dieser einen Unregelmässigkeit andere in der weiteren Verzweigungsweise.

Exemplar I.

Distichalia	3		3		3		3		3		3		3		3		3		3
Palmaria	2	2	2	2	2	2	2	2	2	2	2	2	2	2	2	2	2	2	2	2
Postpalmaria	a 2 2 a	a 2 2 a	2 2 2 a	3 2 2 a	a 2 2 a	a 2 2 a	a 2 2 a a	2 2 a a	2 2 a a	2 2 a

Exemplar II.

Distichalia	3		3		3		3		2		2		3		3		3		3
Palmaria	2	2	2	2	2	2	2	2	3	2	2	3	2	2	2	2	2	2	2	2
Postpalmaria	a 2 2 a	3 2 2 a	a 2 2 3	a 2 2 a	a a 2 3	3 2 a a	a 2 2 a	3 2 2 a	a 2 2 3	a 2 2 a

Die ersten zwei Pinnula-Paare sind von fast gleicher Länge, das zweite aber oft das längere von beiden. Die drei nächsten sind bedeutend kürzer und ungemein zart. Meine Exemplare scheinen in dieser Hinsicht nicht ganz übereinzustimmen mit denen, welche Carpenter sah. Denn er sagt, das erste Paar sei das längste, das nächste kleiner und die Länge der folgenden nähme ab.

Die Klafterung beträgt ungefähr 40 cm. Die aussergewöhnliche Länge der Arme ist sehr bemerkenswerth, und es ist daher auffallend, dass Carpenter die Arme als kurz beschreibt. Ich vermuthe, dass die Arme an seinen Exemplaren nicht in voller Länge erhalten waren. Ihr äusseres Theil ist ungemein dünn, so dass man, wenn es abgebrochen ist, die Länge des Armes leicht zu gering schätzen kann.

Actinometra gracilis n. sp. (Taf. 5. Fig. 55.)

Centrodorsale klein, ganz flach und kaum erhaben über dem Niveau der ersten Radialia; von fünfeckigem Umriss mit leicht eingebogenen Seiten; im Centrum eine Aushöhlung; keine Spur von Cirren.

Erste Radialia vollkommen sichtlich; zweite seitlich ganz frei und von der Länge des pentagonalen Axillare. Die Radien weichen beträchtlich auseinander und theilen sich nicht mehr wie viermal. Die Stämme und Arme sind dünn. Die distichalen Serien sind dreigliederig, das Axillare mit Syzygie; die postdistichalen Serien sind zweigliederig, das Axillare ohne Syzygie, aber mit dem vorhergehenden durch Syzygie verbunden. Die auf ein Axillare folgenden beiden Glieder sind theilweise seitlich vereinigt.

48 Arme, die sehr schlank sind und sich besonders in ihrem äusseren Theile ausserordentlich verdünnen. Ihre Länge beträgt bis 16 cm. Ihre Glieder sind ziemlich lang. Das erste und zweite sind rechteckig und breiter wie lang, verbunden mit einander durch Syzygie. Das dritte Glied ist länger und annähernd quadratisch; dann drei oder vier ähnliche, und diesen folgen bis zum Ende der Arme stumpf-keilförmige Glieder mit etwas vorstehenden, fein-gezähnten, distalen Rändern.

Die erste Syzygie liegt zwischen dem ersten und zweiten Brachiale; die nächste im neunten oder zehnten Gliede, dann in Zwischenräumen von 2 Gliedern.

Die unteren Pinnulae sind dünn; ihr Kamm ganz unbedeutend entwickelt und zu einem kleinen Knöpfchen eingerollt. Die erste Pinnula (zweite Distichale) ist etwa 13 mm lang und besteht aus zahlreichen Gliedern, von denen die äusseren ein Bisschen länger wie breit sind. Die nächste Pinnula ist kürzer und die dann folgenden drei ganz bedeutend kleiner; dann nimmt die Länge erheblich zu und erreicht etwa 10 mm. Die Glieder der äusseren Pinnulae sind sehr dornig. — Scheibe: 15 mm Durchmesser, etwas eingeschnitten, mit feinen Kalkborsten oder Härchen bedeckt. Mund fast central gelegen. Klafterung: etwa 32 cm. Färbung: Skelett: hell-grau-brauner Gesammtton mit sehr hübscher Zeichnung, welche in drei Längslinien besteht, die vom Centrodorsale ausgehen und über die Stämme und Arme verlaufen, auf letzteren aber, mit Ausnahme der mittleren, weniger markirt

erscheinen. An den Armen wechseln hell-graubraune mit dunkel-braunen
Partieen. Scheibe: dunkel-braun. Fundort: Pulo Edam. Ein Exemplar.

Diese neue Art schliesst sich auf das engste der bekannten *Actinometra
typica* Lovén an und theilt mit ihr die für sie so charakteristische Reduction
des Centrodorsale und die fast centrale Lage des Mundes. In der That
schien mir die Uebereinstimmung beider so weit zu gehen, dass ich die neue
Art nur als eine Varietät ansprechen zu dürfen glaubte; denn nicht nur
gleichen sich beide in den erwähnten Hauptpunkten, sondern ihre Aehnlichkeit
geht so weit, dass selbst die höchst eigenthümliche Zeichnung, welche in drei
vom Centrodorsale ausgehenden Längslinien besteht, bei beiden dieselbe ist.
Wenn ich trotzdem das auf Pulo Edam gesammelte Exemplar als Typus einer
neuen Species beschreibe, so geschieht dies auf den Rath Carpenter's.
Herr Dr. P. H. Carpenter, welchem ich das fragliche Object nach England
schickte, hatte nämlich die Güte, sich dahin zu äussern, dass er dasselbe
nicht mit *Actinometra typica* identificiren könne. Die von ihm hervorgehobenen
und auch von mir bereits wohlerwogenen Gründe dafür sind folgende.
Actinometra gracilis unterscheidet sich von der anderen Art zunächst durch
viel geringere Grösse und einen bedeutend zierlicheren Gesammthabitus. Ihre
Stämme sind viel feiner und die Arme bedeutend dünner. Sodann weichen
ihre Radien stärker auseinander und die zweiten Radialia, die bei *Actinometra
typica* vereinigt sind, sind bei ihr seitlich frei. Ferner theilen sich die Radien
der letzteren Art bis siebenmal, während sie es bei der neuen nicht mehr
wie viermal thun, bei welcher ausserdem nur sehr wenige postpalmare Serien
vorhanden sind. Auch das Centrodorsale zeigt beachtenswerthe Unterschiede.
Es ist bei *Actinometra gracilis* weniger sternförmig, nicht durch Klüfte von den
ersten Radialia getrennt, etwas erhaben über dem Niveau derselben und im
Centrum mit einer runden Aushöhlung versehen, die bei der anderen Species
nicht beobachtet wurde.[1]

---

[1] Anmerkung. Auf meine vorläufige Mittheilung l. c. hin hat sich Carpenter in
einer brieflichen Mittheilung nachträglich wieder gegen die Berechtigung dieser Art geäussert.
Da ich aber seinem auf Autopsie begründeten Urtheil mehr Werth beilege als dem, welchem
meine erste kurze Beschreibung zu Grunde liegt, so lasse ich die neue Species einstweilen bestehen.

Alphabetisches Verzeichniss der im Göttinger Museum vertretenen Arten.

Verzeichniss der Arten.

Eine fett gedruckte Zahl bezeichnet die Seite einer Beschreibung. Die neuen Arten sind ebenfalls fett gedruckt. Die Synonyme sind cursiv gedruckt.

Tafel-Erklärung.

Tafel I.

		Seite
Fig. 1.	*Antedon crassipinna* n. sp. Schwach vergrössert	32
Fig. 2.	*Antedon bengalensis* n. sp. Basales Armstück mit den Pinnulae vom 2. bis 12. Brachiale. 4 : 1 . .	20
Fig. 3.	*Antedon Martensi* n. sp. 2.5 : 1	21
Fig. 4.	*Antedon Brockii* n. sp. Basales Armstück von oben. 2 : 1 .	24
Fig. 5.	*Antedon crassipinna* n. sp. Ansicht der Scheibe. 2 : 1	33
Fig. 6.	*Antedon Martensi* n. sp. Distichale Pinnula. 3,5 : 1	21
Fig. 7.	*Antedon Ludovici* Carp. (Amboina.) Basales Armstück mit den Pinnulae vom 2. bis 14. Brachiale. 2,5 : 1	29
Fig. 8.	*Antedon Ludovici* Carp. Exemplar von Amboina. 1,5 : 1	29
Fig. 9.	*Antedon nematodon* (Ltk. M. S.) n. sp. Reichlich 2 : 1	27
Fig. 10.	*Antedon crassipinna* n. sp. Armstück. 2 : 1	33
Fig. 11.	*Antedon Ludovici Carp.* Armstück. 2 : 1	29
Fig. 12.	*Antedon Brockii* n. sp. Pinnula des 4. Brachiale. 4 : 1 .	24
Fig. 13.	*Antedon Brockii* n. sp. Armstück. 3 : 1	24
Fig. 14.	*Antedon affinis* n. sp. Armstück. 4 : 1 .	26

Tafel II.

Fig. 15.	*Antedon Kraepelini* n. sp. 2 : 1	22
Fig. 16.	*Antedon bengalensis* n. sp. 3 : 1 . .	19
Fig. 17.	*Antedon Brockii* n. sp. Scheibe. 2 : 1 . .	23
Fig. 18.	*Antedon affinis* n. sp. Cirrus. 4 : 1 .	25
Fig. 19.	*Antedon Clarae* n. sp. 4 : 1	41
Fig. 20.	*Antedon Savignyi* J. Müll. 3 : 1	19

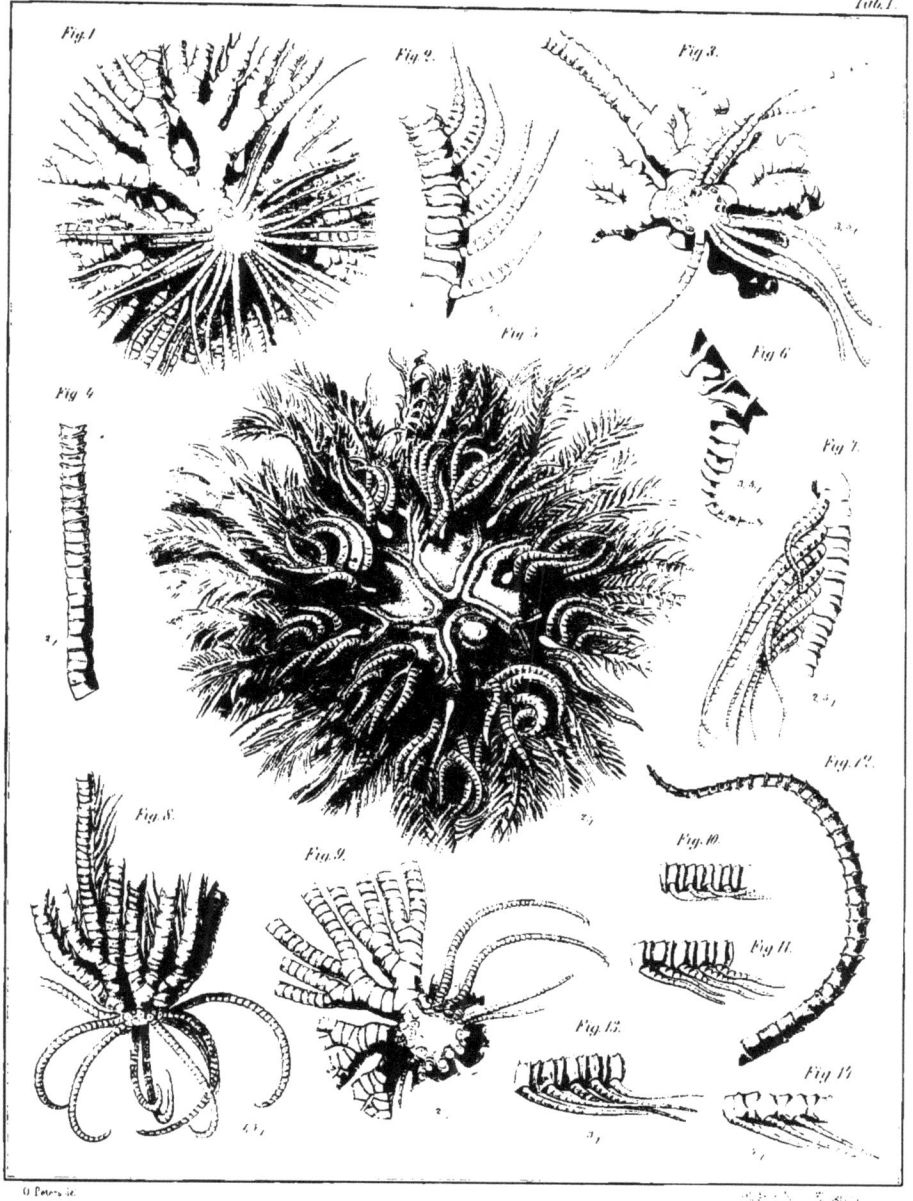

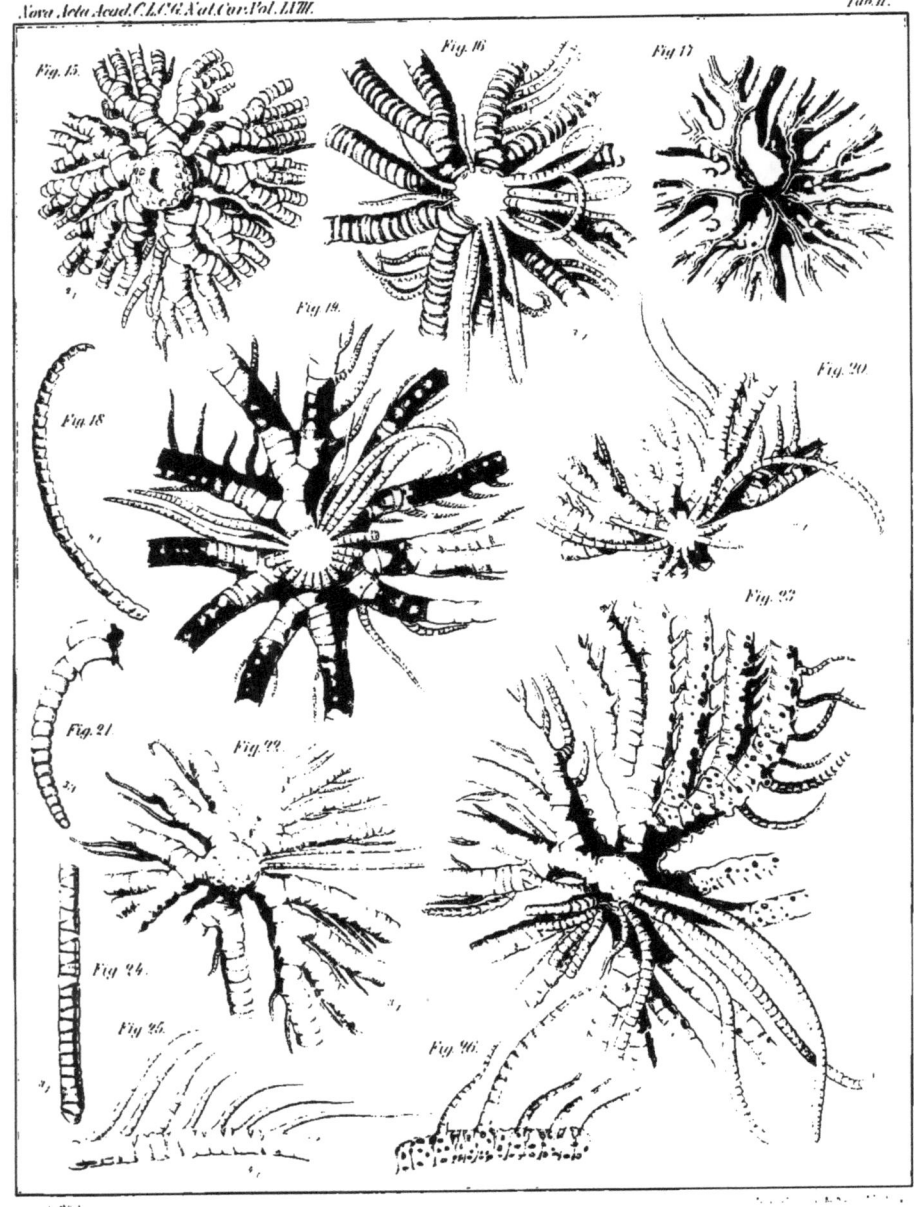

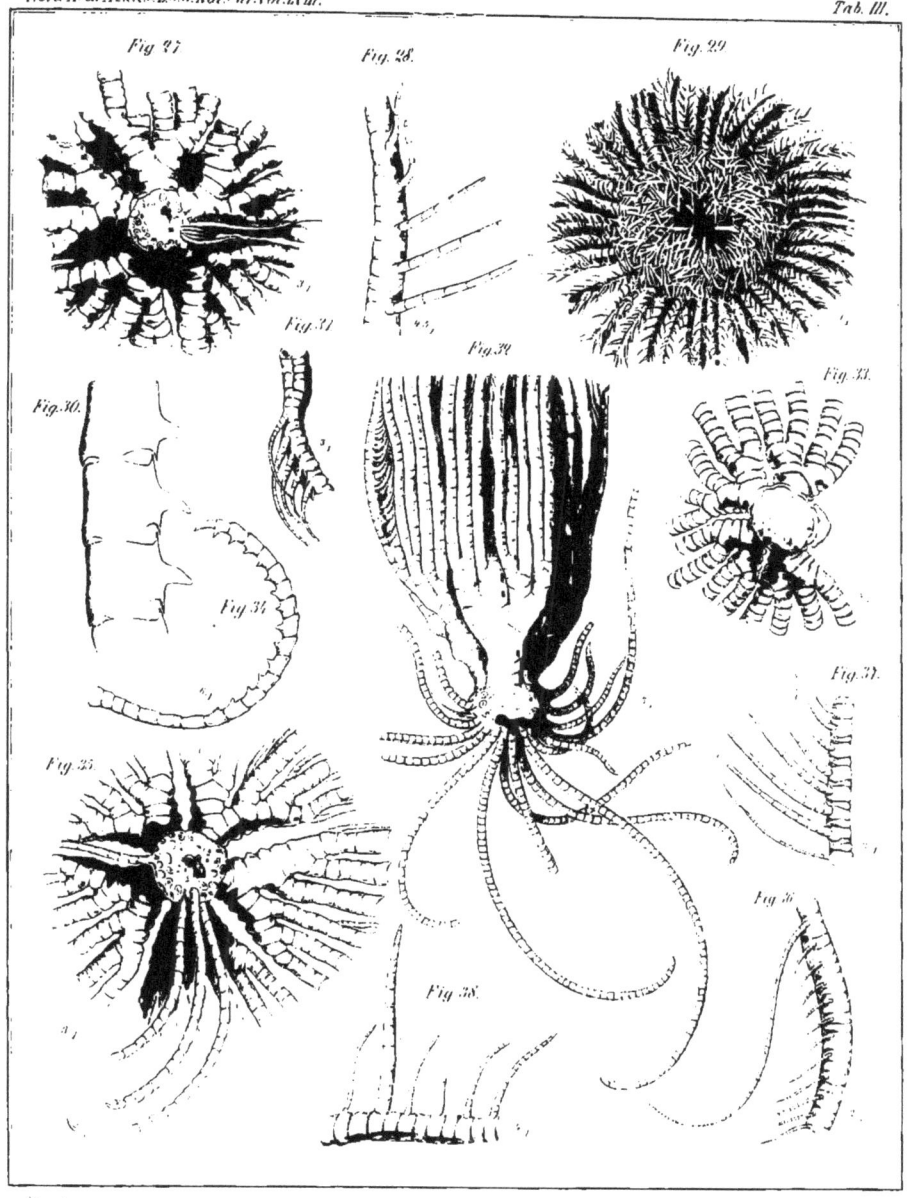

Fig.27.   Fig.28.   Fig.29.   Fig.30.   Fig.31.   Fig.32.   Fig.33.   Fig.34.   Fig.35.   Fig.36.   Fig.37.   Fig.38.

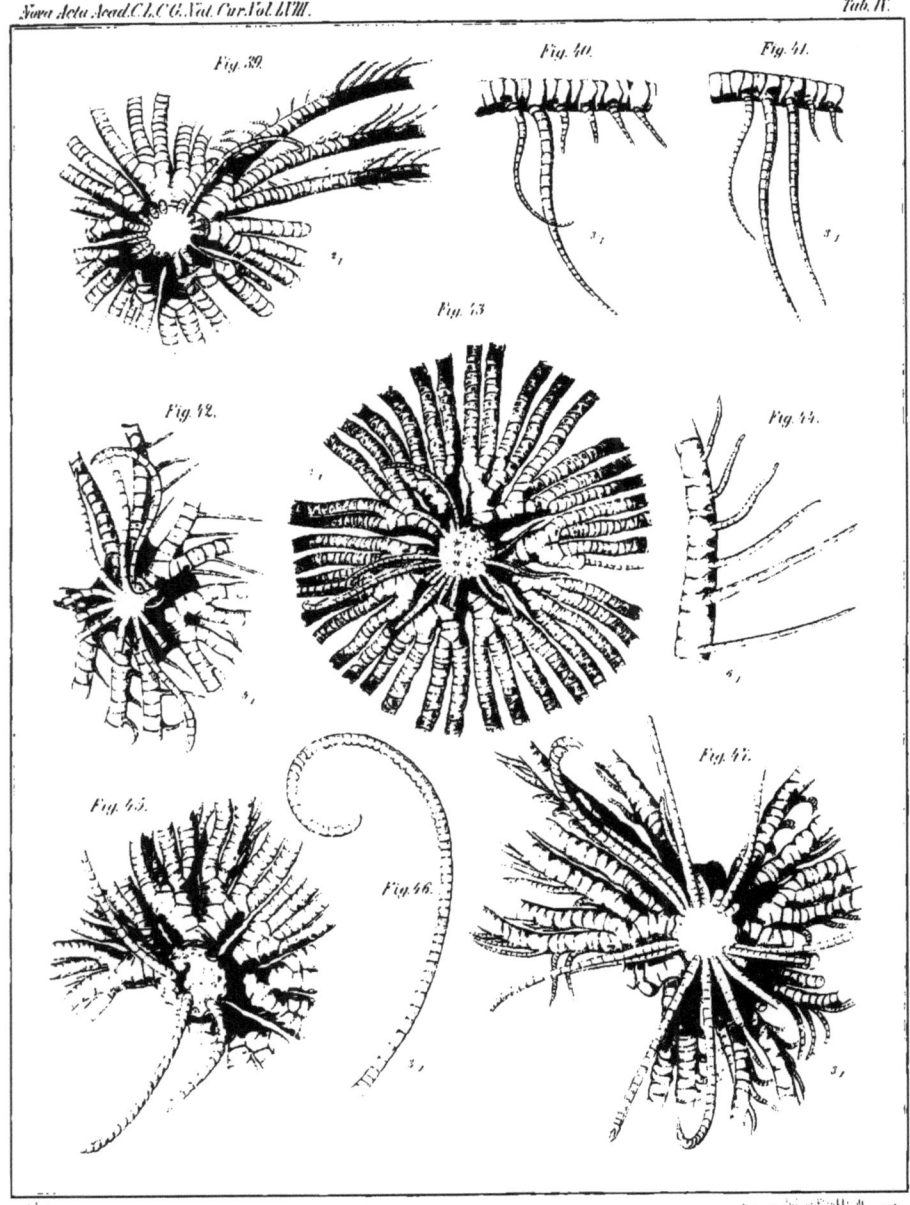

Fig. 39.   Fig. 40.   Fig. 41.   Fig. 43.   Fig. 42.   Fig. 44.   Fig. 45.   Fig. 46.   Fig. 47.

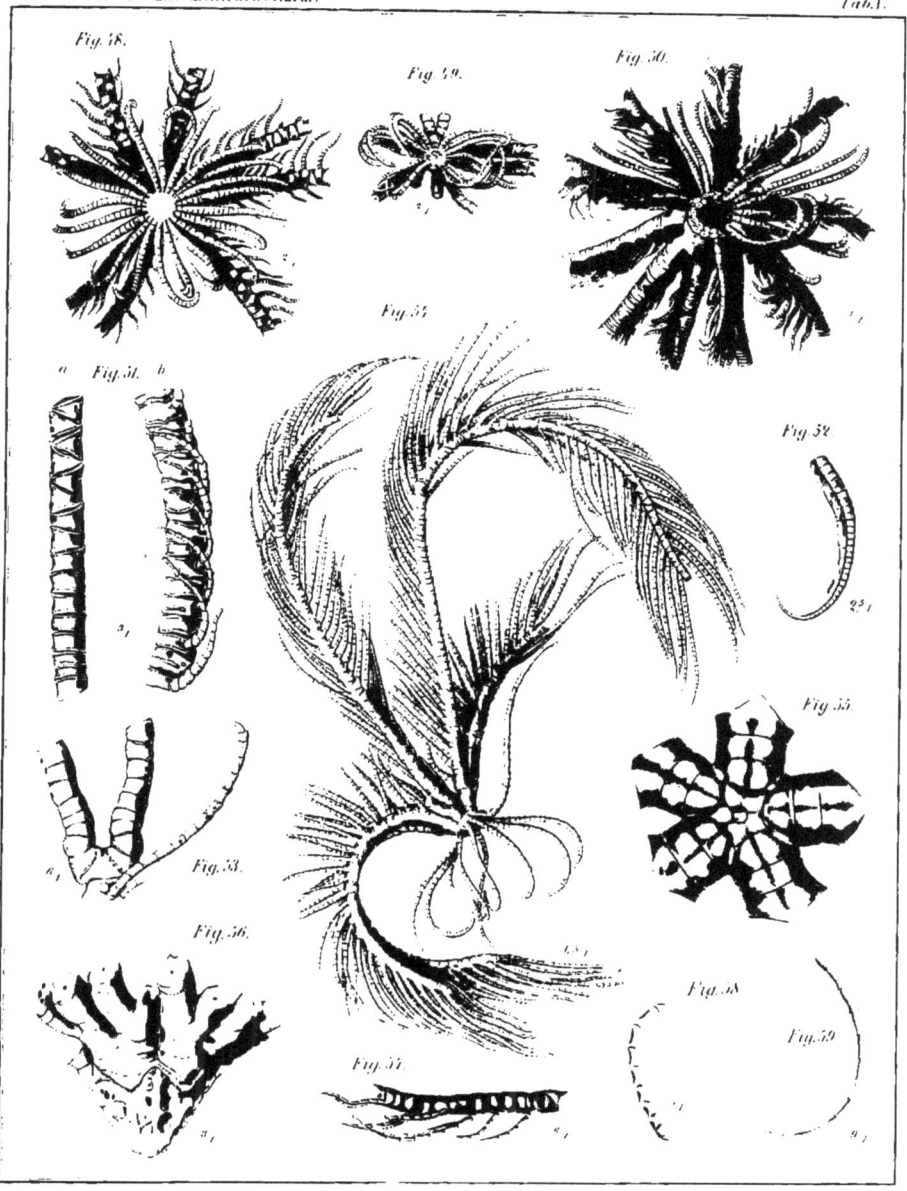